読みなおす日本史

日本海海戦の真実

野村 實

吉川弘文館

目次

第一章　歴史の闇に埋もれていた極秘資料

『坂の上の雲』が書けなかった真実

「敵艦見ゆとの警報に接し聯合艦隊は直ちに出動、之《これ》を撃滅せんとす。本日天気晴朗なれども波高し」

明治三八年（一九〇五）五月二七日早朝、東京の海軍通信隊電信室（当時は有線系）に設置された電信機が鳴り出し、歴史的な電文を受信し始めた。五月一四日にフランス領インドシナのバン・フォン湾を出航して以来、五月一九日にルソン海峡で視認されたあとこの日まで、まったく所在がわからなかったロシア・バルチック艦隊をついに発見、これから連合艦隊は全艦隊あげて迎撃すべく出動するという知らせだった。

電報を打ったのは、朝鮮半島の先端に位置し、眼前に対馬《つしま》海峡が広がる鎮海《ちんかい》（チンヘ）湾に待機していた日本の連合艦隊司令部である。

実際には傍受解読を避けるため符牒を使った電文だったが、後半の「天気晴朗なれども波高し」の名文句は、首席参謀・秋山真之《さねゆき》中佐が平文で付け加えたものだった。

連合艦隊司令長官・東郷平八郎海軍大将は、「敵艦隊見ゆ」の情報に接するや、対馬東水道に向かうロシア帝国の大艦隊を迎撃すべく、ただちに全艦隊に抜錨《ばつびょう》を命じた。

二七日午後一時五五分、旗艦「三笠《みかさ》」にZ旗があがる。

「皇国の興廃この一戦にあり。各員一層奮励努力せよ」

こうして二七、二八日の両日、いわゆる「日本海海戦」が沖ノ島北方から鬱陵《うつりよう》（ウルルン）島にかけての海域で九回にわたって展開され、連合艦隊はほぼ完全な勝利を収めることになる。

このとき東郷は、世界の海戦史上でも〝奇跡〟といわれる大胆な敵前大回頭《かいとう》を指令し、バルチック艦隊に致命的な打撃を与えている。のちに海外でも「トウゴウターン」と呼ばれて有名になったこの戦術は「丁字《ていじ》（海外文献ではT字）戦法」と呼ばれ、一般には海軍兵学校時代から天賦の才を謳われた秋山真之の創案というのが通説となっている。

世界中が驚いた連合艦隊の完勝には、ふたつの重要なポイントがあった。

つまり、杳《よう》として行方がつかめないバルチック艦隊の通過コースを的確に予測し迎撃できたこと、そして「誰もが予期しなかった」緒戦における敵前大回頭である。

日本海海戦の勝因については、ほかにもさまざまな要素がからんでいるのだが、このふたつのポイントで成功したことが「アドミラル・トウゴウ」の名を世界に知らしめ、「日本海軍が生んだ天才」秋山真之の智謀が称揚されることになったと言ってよいだろう。

すでに一世紀近く経った現在、日露戦争について知識を有している人の多くは、その知識を司馬遼太郎の小説『坂の上の雲』から得ていると思う。

たしかに『坂の上の雲』はよく調べて書かれており、昭和を代表する歴史小説としてその評価は高く、いまでも多数の読者を引きつけてやまない。しかし、日本海海戦の舞台裏については、司馬遼太郎が知りえなかった、まったく別の真実が存在する。もし司馬がその真実を知っていたなら、『坂の上の雲』はまったく別の展開をみせるか、あるいは書くことすら難しかったかもしれない、とさえ言えるのである。本書のテーマはまさにその日本海海戦の知られざる真実を明らかにし、そのことが日本のその後にどのような問題を派生させたかを検証することにある。

バルチック艦隊の通過コース予測

第一のポイントであるロシア艦隊の「通過コース予測」は、日本にとって、まさに大問題だった。

明治三七年（一九〇四）二月一〇日、ロシアに宣戦布告した日本は、陸軍が朝鮮半島から満州（現在の中国東北部）に戦線を展開し、南山要塞を占領した。また海軍部隊は、旅順港（口）脱出をはかるロシア太平洋艦隊主隊を八月一〇日の黄海《こうかい》海戦で阻止し、さらにウラジオストックの巡洋艦隊を八月一四日の蔚山（ウルサン）沖海戦で撃退して、日本と満州を結ぶシーレーン（制海権）を掌握した。

しかしこの時期、陸軍は旅順攻略を果たせぬまま多大な犠牲を出しつづけており、海軍も何度か旅順港閉塞作戦を敢行したが失敗し、ウラジオストックから日本海上にたびたび出撃するロシア太平洋艦隊の脅威にさらされていた。

明治三八年一月一日、ついに旅順は陥落し、二月二二日から三月一〇日にかけての奉天《ほうてん》（現・瀋陽《しんよう》）大会戦で勝利した日本は地上戦での勝利をほぼ決定的としたが、日本近海のシーレーンはいまだ不安定な状況にあった。しかも極東の海軍力増強に固執するロシア皇帝ニコライ二世は、バルト海にあった主力艦隊、つまりバルチック艦隊をもって太平洋第二艦隊を組織し、ロシア極東部のウラジオストックに入港させ、日本近海の制海権を手中にして、日本軍の補給路を断とうとした。

このような状況下でロジェストウェンスキー少将（のち中将）を司令長官とするバルチック艦隊は、バルト海に面した軍港リバウで出撃準備を整え、同年一〇月一五日朝、長期航海の途についた。もしウラジオストックにロシア艦隊の一部でも入港すれば、日本近海のシーレーンは常にロシアに脅かされ、中国大陸への食糧・軍備補給路が寸断されて日本軍は潰滅的な損害を被ることになると予測された。日本軍にとって、バルチック艦隊撃滅は、まさに国家の命運を賭けた戦いだった。

バルチック艦隊は、明治三八年五月一四日、最後の寄港地・フランス領インドシナのバン・フォン湾を出航した。しかし日本はその後、五〇隻におよぶ大艦隊の行方をつかみきれないでいた。はたして対馬、津軽、宗谷、いずれの海峡を通過しようとしているのか。東京の大本営や朝鮮半島鎮海湾で迎撃訓練を続ける連合艦隊は重要な課題を突きつけられていた。

待ち受ける場所をまちがえれば、最悪の場合、まったく阻止行動をとれないまま、大艦隊のウラジオストック入港を許してしまう。北海道と樺太《からふと》の間にある宗谷海峡は霧が深く、途上には海図にない暗礁《あんしょう》も多いため大艦隊の航行は不可能に近い。とすればバルチック艦隊が向かうのは対馬海峡か津軽海峡ということになる。

唯一の情報は、五月一九日にルソン海峡でバルチック艦隊に臨検された三井物産の雇い船から入った「ロシア士官が対馬海峡に向かうと言った」という電報だけだった。

しかし、これも「津軽海峡を通るための詐術《さじゅつ》」「詐術の裏返しで対馬海峡を通る」と二通りに考えられるため、大本営や連合艦隊司令部では議論が百出した。参謀長・加藤友三郎少将の下にあって作戦計画を練る秋山真之中佐は苦悩しつつも「津軽海峡もありうる」と考えていた。

東郷は秋山のことを「智謀わくがごとし」と評し、その能力を信頼していた。しかし日本の命運を決めるこの重要事項について、通説では対馬海峡説・津軽海峡説が乱れ飛び、司令部が動揺するなか、ひとり東郷だけは泰然と動かず、「対馬を通る」と確信していたことになっている。

司馬遼太郎の『坂の上の雲』でも、強硬な対馬説をとる第二艦隊参謀長・藤井較一《こういち》大佐、第二艦隊第二戦隊司令官・島村速雄《はやお》少将の二人が五月二五日、旗艦「三笠」を訪れ、長官室にいた東郷に意見を具申する場面が描かれている。

……島村は起立したまま、口をひらいた。かれはあらゆるいきさつよりもかんじんの結論だけをきこうとした。

「長官は、バルチック艦隊がどの海峡を通って来るとお思いですか」

ということであった。

小柄な東郷はすわったまま島村の顔をふしぎそうにみている。質問の背景を考えていたのかもしれず、それともこのとびきり寡黙な軍人は、打てばひびくような応答というものを個人的慣習としてもっていなかったせいであるかもしれない。やがて口をひらき、

「それは対馬海峡よ」

と、言いきった。東郷が、世界の戦史に不動の位置を占めるにいたるのはこの一言によってであるかもしれない。(『坂の上の雲』「艦影」)

バルチック艦隊が対馬海峡を通ることがほぼ確実になったのは、二六日午前零時五分のことである。大本営に、「前日の夕刻、バルチック艦隊の仮装巡洋艦(一般汽船に砲台を付けたもの)、運送船など八隻が上海港外の呉淞《ごしょう》(ウースン)に入港した」という情報が入り、その後も情報が相次いで、二六日夕刻には、バルチック艦隊が東シナ海を航行していることがほぼ確認された。

『坂の上の雲』も、その他おびただしい関連の著作も、情報が入る以前の五月二四日から二五日にかけて、朝鮮半島鎮海湾にいる東郷および連合艦隊司令部はバルチック艦隊が対馬を通ると確信したうえで、「ここで待とう」と決心していたと描写する。

しかし私が調べた限り、事実は異なる。はっきりちがうと言ってもよい。

北進の「密封命令」

五月二四日、司令長官の東郷より連合艦隊の各戦隊司令部に対して、ある「密封命令」が交付された。密封命令とは、封筒に入れた命令書で、指定時刻あるいは司令部から指示された時点ではじめて開封し、実行する性格のものである。二四日に出された密封命令の総数は一〇通ほどであったと思われるが、その時点での密封命令の内容は次のようなものだった（以下、史料の引用については、著者が適宜新字新かなに改め、濁点、読点をほどこした）。

一、今に至る迄当方面に敵を見ざるより、敵艦隊は北海方面に迂航《うこう》したるものと推断す

二、連合艦隊は会敵の目的を以て、今より北海方面に移動せんとす

三、第一、第二艦隊の予定航路及び日程航行序列及び速力付図の如し

四、第三艦隊は別に与えたる訓令に基き、予定航路上に於て主隊に続航し得る如く出発すべし

五、千早、竜田、八重山は通信艦として十四節にて本隊に先だち進発し、沿路望楼と通信を連絡し緊急を要するものは主隊に近づきて無線電報すべし

六、各水雷母艦、仮装巡洋艦は各水雷艇隊を嚮導《きょうどう》し、通信艦の航路に準じ北進し権現崎南方に入泊すべし

七、此行動中天候の異変に応ずる主隊の集合地点を左の如く定む　但通信艦及び水雷母艦等のものは適宜とす

第一日　隠岐島前
第二日以降　大島

八、大島到着後時宜に依り艦隊は権現崎南方に仮泊す　其の予定錨地付図の如し
九、特務艦隊の他の諸艦船は別に与えたる訓令に基き行動すべし
十、本令は開披の日を以て其の発令日付とし、出発時刻は更に信号命令す

つまり、この時点で連合艦隊司令部は、かなり高い確率でバルチック艦隊が津軽海峡に向かっていると考えていた。そして、すぐにでも北へ艦隊を移動させようとしていたことがわかる。この密封命令は、どう読んでもバルチック艦隊の通過コースについて「対馬海峡、津軽海峡のどちらでも対応できるように」といった性格のものではない。すでに決定された司令部の方針を実行するための指示である。

たとえば、密封命令の第四項に「第三艦隊は別に与えたる訓令に基き、予定航路上に於て主隊に続航し得る如く出発すべし」、第九項に「特務艦隊の他の諸艦船は別に与えたる訓令に基き行動すべし」とあるように、第三艦隊（司令長官・片岡七郎中将）、特務艦隊（司令官・小倉鋲一郎《びょういちろう》少将）にはすでに移動の訓令が出ていたことからも、その性格は明らかである。

つまり、「三笠」が朝鮮半島・鎮海湾に入港する前日の二四日、東郷の連合艦隊司令部はすでに北進の準備を命じていたのである。しかもこの密封命令を裏付けるように、連合艦隊と大本営の間で電

報が交わされ、そこでも連合艦隊司令部は北方移動の意向を表明しているのだ。

資料を検討すると二五日午後の段階で、連合艦隊は北へ移動する準備をほぼ終えて、すぐにでも鎮海湾を出発する気配をみせていた。通説では敵艦隊の対馬海峡通過を確信していたとされる東郷平八郎も、新たな情報が入らなければ、ただちに津軽海峡へ向かおうと考えていたのである。

もしこの密封命令が発動されていれば、連合艦隊は完全に裏をかかれた形となり、津軽半島の権現崎で来るはずのない敵を待ち受けている可能性が高かったと言えるだろう。連合艦隊が鎮海湾から出航していたとすれば、バルチック艦隊は対馬海峡を通過し、無人の野を往《ゆ》くかのように日本海を北上し、たとえ連合艦隊が権現崎から全速で捕捉に向かったとしても、艦隊の相当数がウラジオストックへ悠々と入港を果たしていたにちがいない。

『坂の上の雲』ではこの件、すなわち北進問題について軍議はなかった、としている。だが、実際には二五日、旗艦「三笠」において行われていた。この軍議こそ、日本海海戦の命運を左右する決定的な節目となった会議であった。

この席上で重要な役割を果たしたのが、司馬遼太郎も強硬に対馬説を唱えたとする第二艦隊参謀長・藤井較一、第二艦隊第二戦隊司令官・島村速雄であった。そのことは、さまざまな資料、証言により明らかとなっている。

いったい、五月二四日から二五日にかけて、連合艦隊では何が問題となり、何が話し合われていたのか。これが本書の明かそうとする真実の第一である。

丁字戦法の考案者は秋山真之ではない

もうひとつのポイントは「丁字戦法」である。

この戦術は、前述のように秋山真之が考案した、というのが一般に流布されている説である。

秋山真之は明治元年（一八六八）三月二〇日、伊予（愛媛県）松山藩士を父として生まれ、正岡子規と松山中学、大学南校（東大教養課程）を通じての親友だった。しかし明治一九年、進路を転じて海軍兵学校の生徒となった。つねに首席、ハンモックナンバー（席次）・トップを続け、天才と称せられていた。少尉候補生として「比叡」、その後「高千穂」に乗り組み、アメリカ留学などを経て、明治三五年、海軍大学校の教官となる。翌三六年には、第一艦隊の作戦参謀に任ぜられ、のち首席参謀に昇格している。

東郷平八郎と秋山真之のコンビは、日露戦争直前の明治三六年以前にも実現していた。アメリカへ留学し、戦史と戦略・戦術を研究するとともに、米西戦争を視察、イギリスにも回って帰国した秋山は、同三三年、東郷が常備艦隊司令長官だったとき、参謀（大尉）として約一年間、東郷を補佐したことがある。

東郷と秋山は互いをよく知っていたことになる。

秋山は海軍大学校教官時代から、すでに日本海軍の戦略・戦術・戦務の権威と目されていた。秋山があまりに天才的であったため、「日露戦争では、東郷はたんに秋山の上に乗っかっていただけ」という説もなされてはいるが、東郷は慎重で緻密な将帥であり、秋山を信頼した上で、その作戦能力をじゅうぶんに発揮させたとみるのが正しいだろう。

また秋山は、海軍大学校時代、学生とともにロシアを仮想敵国として図上演習や兵棋《へいぎ》演習をやり、旅順口の封鎖や日本海海戦を想定した研究を何度も行っていた。

秋山が連合艦隊参謀に転じると同時に、秋山の教え子たちも艦隊や戦隊の参謀として海上に出ていった。下村延太郎少佐が第二艦隊参謀として司令長官・上村彦之丞《かみむらひこのじょう》中将を補佐し、飯田久恒少佐は第二艦隊参謀となって第四戦隊の司令官・三須宗太郎中将を補佐している（日本海海戦のときには連合艦隊参謀）。また、斎藤七五郎大尉が第一艦隊参謀として第一戦隊の司令官・梨羽時起《なしはときおき》少将を補佐するという具合である。まさに「海軍大学校の講堂が黄海や日本海の海上に延長された」ようなものだった。

このように戦略参謀として注目される立場にあった秋山が「丁字戦法」を開発し、東郷に進言して実現したという通説はいまでも根強い。その遠因は東郷の側近的存在となる小笠原長生《おがさわらながなり》の筆によるところが大きい。小笠原長生は、幕末の老中で生麦事件の償金を独断でイギリスに交付したり、挙兵上京したことで知られる異色の人物・小笠原長行《ながみち》の子で、日本海海戦当時は軍令部参謀だった。

小笠原長生は、後年、日清・日露戦史編纂の中心的な人物となり、東郷の伝記作家として『撃滅』

（一九三〇年刊）などを書き、「東郷神話」を仕立てあげたことで知られる。ある意味では東郷に心酔して、その優れた面を強調したわけだが、悪く言えば東郷の〝腰巾着《こしぎんちゃく》〟だったと言えなくもない。小笠原が火を付けた「東郷神話」「天才・秋山」のイメージが彼らの実像を多分にゆがめただけでなく、日本海海戦の実際をも違ったものにしてしまった可能性が高い。

「丁字戦法」について司馬遼太郎は『坂の上の雲』で、東郷の「実戦の経験から出たかんがかれにこの方法をとらせた」としている。しかし、この戦法は東郷の神がかり的な直感で即興的に採用されたものではない。じつは日露が開戦する前、連合艦隊が敵艦隊と遭遇して決戦となったときの戦法をあらかじめ決めていたのである。「連合艦隊戦策」と題される最高度の軍事機密に属するこの文書は、東郷が明治三七年一月九日に印刷したものを麾下《きか》の将校に配っており、そこには「丁字戦法」「乙字戦法」と明確に記されている。

つまり、日本海海戦の勝敗を決定づけた敵前大回頭は、その場の状況判断から感覚的に導き出されたものではなく、ロシア大艦隊との決戦に備えてあらかじめ練りに練られて作成された戦術であり、日本海海戦はまさにこの「連合艦隊戦策」のとおりに実行されたのである。

秋山はのちに連合艦隊首席参謀に昇格したが、戦策の策定時には作戦参謀で直接の担当者でもあった。

では東郷が、だれの影響で「丁字戦法」を日本海海戦で採用することになったのか。一般には秋山という意見が圧倒的である。私もながく、そのように考えてきた。しかしこのことに関心をもちつつ検討してみると、戦策を秋山に書かせたのは東郷自身であると信じるようになった。しかも資料を検証していくなかで、「丁字戦法」そのものを創案したのは、東郷でも、ましてや秋山でもない、もう一人の海軍軍人であることがわかってきた。

本書が明らかにしたい日本海海戦の真実の第二がそれである。

闇に埋もれた「極秘戦史」

先に触れたようにバルチック艦隊発見前の五月二四日に北進の密封命令が配られたことは間違いのない事実であり、そのことは後年、何人かの関係者の証言で、おぼろげながらも知られていた。しかし、まったくの機密に属することだったので、その内容は明らかにされず、海軍当局が公刊した戦史にも一切触れられていなかった。また「丁字戦法」の真の考案者についても、旧海軍関係者のあいだでもこれまで深く論及されたことはなかった。

しかし、私は防衛庁戦史編纂官として長年の研究の末に、この二つの史実をほぼ明らかにすることができた。

というのも、実はだれも知り得なかった密封命令や戦策の詳細、「丁字戦法」の基本構想者を記録した極秘の戦史資料が存在し、それを読むことができたからである。

『極秘明治三十七八年海戦史』と呼ばれるこの資料は、ながく歴史の闇に埋もれていた。私がその存在に気づき、「日本海海戦直前の密封命令」と題する論文を『軍事史学』誌に発表したのは昭和五七年(一九八二)のことであったが、その後、さらに研究を続けた結果、「日本海海戦の真実」がどのようなものであったか、ほぼその全容をつかむことができたのである。

『極秘明治三十七八年海戦史』の成立経緯は次のようなものである。

海軍軍令部は日清戦争の海戦史を戦後一〇年を費やして編纂、明治三八年八月に、ようやく全四巻の『明治二十七八年海戦史』として刊行した。ちなみに軍令部は、このほか全一三巻の『極秘明治二十七八年海戦史』を編纂しているが、その編纂日時は不明である。

この経験から、軍令部は日露戦争に際しても開戦前から周到な計画を立て、戦史編纂の準備を進めていた。すなわち、戦時中から十分な資料を収集・整理し、戦争が終息して編纂時期が来たなら、一気にこれを完成させる意図を持っていた。

この方針は効果を上げ、海軍軍令部は日露講和条約調印のわずか三ヵ月後にあたる明治三八年一二月から同四四年までに、全一五〇巻にも及ぶ『極秘明治三十七八年海戦史』を完成させたのである。

もともと軍令部は、戦史編纂の目的について、海軍部内の参考に資するためと考えており、一般向けに刊行しようという考えは薄かった。だから所要の向きに所要の巻が配布されただけで、皇居を除くと全巻そろえて配布されたのは海軍省文庫だけだった。

これに反して陸軍参謀本部は、もともと一般への刊行を意識し、全一〇巻にわたる大冊の『日露戦史』を、明治四五年から大正四年までの間に刊行した。

司馬遼太郎はこの『日露戦史』を、「日露戦争の勝利後、日本陸軍はたしかに変質し、別の集団になったとしか思えないが、その戦後の最初の愚行は、官修の『日露戦史』においてすべて都合のわるいことは隠蔽したことである」と述べ、その理由は、戦後の論功行賞にあったと批判する（『坂の上の雲』第四巻あとがき）。

海軍軍令部も、明治四二年五月から同四三年一二月にかけて全四巻の『明治三十七八年海戦史』を一般向けに刊行した。その内容を検討すると、編纂中の『極秘明治三十七八年海戦史』の原稿のなかから、主として作戦の経過を中心に、あたりさわりのない箇所だけを抜き出して編集したことは明白である。

さらに、第一次ロンドン軍縮会議、満州事変のあと、国防の危機が叫ばれて日露戦争の意義が見直されるようになると、軍令部は、昭和九年（一九三四）八月から九月にかけて全二巻の『明治三十七八年海戦史』を、つづいて昭和一〇年一月に全一巻の『日本海大海戦史』を刊行した。この二冊の内容も、明治時代の軍令部が最初に編纂に着手した『極秘明治三十七八年海戦史』を基礎とするものであった。

司馬遼太郎は一般向けに刊行された軍令部の戦史について、「軍艦という大きな戦闘単位が存在として明瞭で、むしろ明瞭すぎるほどであるため、あいまいな記述がしにくく、資料価値は陸軍のそれよりも高いようにおもわれる。しかも当時従軍した海軍軍人の文章なり談話なりが比較的正直に残されているため、陸軍ほどの苦労はすくなかった」とする（『坂の上の雲』第六巻あとがき）。

海軍の刊行戦史が、一五〇巻からなる極秘戦史のなかから秘密にする必要のない箇所を抜き出したのに対して、陸軍の刊行戦史は編纂方針として、「編纂者ハ事実ノ真相ヲ顕彰《けんしょう》スルヲ主トシテ之ニ批評ヲ加ウルヲ避クベシ」としていた（参謀本部が明治三九年二月に発出した「日露戦史編纂ニ関スル注意」第一三項）。

このような陸海軍の刊行戦史に対する態度が、司馬遼太郎の批判に関係することは確かである。もっとも、陸軍でも、軍政上で苦心した事項を後世に伝えようとして、陸軍省が全一〇巻の『明治三十七八年陸軍政史』（刊行年月日不明）を編纂したが、一般に公開されることなく「秘」区分とされた。ちなみに戦前の軍隊の機密文書の区分は、「軍機」が最高度で、以下「軍極秘」「極秘」「秘」「部外秘」の順である。

では、公刊されず関係者の一部にしかその存在を知られなかった『極秘明治三十七八年海戦史』は、その後どうなったのか。

第二次世界大戦終結時において、それまでの歴史では先例のなかった戦勝国による「敗戦国の主権停止」と「戦争責任の追及」がなされた。このため、日本では敗戦後に公文書の棄却という、歴史の面からみればきわめて好ましくない経過が生じた。

このため、秘密区分に含まれる『極秘明治三十七八年海戦史』や『明治三十七八年陸軍政史』は、個人蔵も含め、原則として焼却された。海軍省文庫にあった一五〇巻も同様である。しかし占領軍の厳しい捜索の手は、皇居内にまでは及ばなかったようである。つまり、かつて海軍から明治天皇に奉呈された『極秘明治三十七八年海戦史』一五〇巻一組だけが皇居内でかろうじて生き残り、それが戦後三〇年を過ぎて宮内庁より防衛庁に移管され、防衛庁防衛研究所に所蔵されることになったのである。

司馬遼太郎が『坂の上の雲』を書く段階では、この資料の存在は当然ながら不明であった。日露海戦を目前に控えた連合艦隊の移動についての研究は、太平洋戦争後、数十年を経過しても戦前の水準を越えることはなかった。権威ある図書でも、わずかに言及されるのみで、密封命令を含む研究は皆無に等しいのが実情であった。当時、防衛研究所に在職していた私はこの『極秘海戦史』の存在を発表した昭和五七年以降、資料検討をもとに何度か成果を発表してきたが、そろそろ現状での到達点をまとめておくべきだと考え、本書を上梓することにしたものである。

一般の目に触れることもなく、まして、研究者でさえ知ることのなかった『極秘明治三十七八年海戦史』は、日本海海戦の真実をどのように記しているのだろうか。

第二章　幸運な男・東郷平八郎と連合艦隊

東郷が起用された理由

日本海海戦の真相を語るためには、一応の手順を踏まなければならない。まず、東郷平八郎が連合艦隊の司令長官に就任した経緯から説明していくことにしよう。

連合艦隊司令長官は、海軍大臣の推挙により天皇が補任することになっていた。

日露開戦の直前までは、海軍内部も含め大方の予想として、常備艦隊司令長官の日高壮之丞が、そのまま連合艦隊司令長官に横すべりするものとみていた。ところが海軍大臣・山本権兵衛《ごんべえ》は、舞鶴鎮守府司令長官であった東郷平八郎中将を推挙したのである。三人とも薩摩（鹿児島）出身である。

東郷推挙の真の理由は、山本の心底のみに秘され、人選に関しての明確な資料は残っていない。ただ多くの研究者がこの推挙の理由についてさまざまな論説を展開しており、いずれも首肯できるところだ。代表的なものを見ておこう。

まずはじめに、東郷は歴戦の勇者であったということである。

少年のときに薩英戦争に参加し、戊辰戦争では阿波沖海戦、宮古湾海戦、箱館湾海戦の海上砲撃戦の経験をもつ。これらの経験は薩摩藩の軍艦「春日」に乗り組んでのもので、箱館戦争では五稜郭《ごりょうかく》への艦砲射撃も行っている。

近代海軍の海戦の経験もある。日清戦争で「浪速」艦長として豊島沖海戦、黄海海戦、威海衛《いかいえい》砲撃に参加し、戦争末期には常備艦隊司令官に昇格、澎湖《ほうこ》島占領作戦を指揮した。東郷は日本の海軍兵学寮（兵学校の前身）では学んでおらず、明治四年から同一一年までイギリスに留学し、海軍の基礎的教育と練習船「ウースター」、練習帆船「ハンプシャー」での海上勤務の訓練を受けた。二四歳から三一歳まで七年間にもわたるイギリスでの生活が、東郷の海軍軍人としての能力を磨かせるとともに、彼の国際性を豊かにしたことは論議の余地はない。日本海軍がイギリスに建造を依頼した新鋭艦「比叡」に乗って帰国したのは明治一一年（一八七八）五月で、帰国後、すぐに海軍中尉に任ぜられ、半年後には大尉に、その一年後には少佐に進んだ。

日本では知る人は少ないが、越南（ベトナム）での紛争を契機として、明治一七年八月から翌年四月にかけて、清国とフランスが戦った。このとき、フランス艦隊は福州の海戦で清国艦隊を破り、ついで台湾北部に上陸作戦を敢行、澎湖島を砲撃して占領している。東郷はこのとき国産の軍艦「天城」の艦長として、福州と台湾北部の戦闘を視察せよと命ぜられ出張した。東郷は、海上の戦場はもちろん、台湾北端の基隆方面では上陸して砲台に並ぶ備砲、築城法も視察して研究した。実戦経験には及ばないものの、戦場の殺気と硝煙の匂いは東郷の体内に蓄積され、その戦術眼を鋭く研ぎすますのに役立ったと言えるだろう。

その後、東郷は二回にわたって巡洋艦「浪速」艦長を務める。一度目のときには、ハワイ王国の政変に応じて居留民保護のためホノルルに回航し、仮共和国政府に礼砲を打つべきかどうか、逃げ込んできた脱獄日本人を引き渡すべきかどうか、などの国際問題を解決する。

短期間の呉《くれ》鎮守府海兵団長を経て、二度目の「浪速」艦長のとき日清戦争開戦となる。豊島沖海戦でイギリス船籍の商船「高陞号《こうしょう》」を撃沈して国際的な大事件を引き起こしたが、正しく戦時国際公法にかなった措置であったとして、一躍その名を世界に知られるようになった。

以上の実戦体験・国際性にもまして重視されるのが、東郷の主将としての資質である。生まれつきの資質と長年の経験に裏打ちされているのだが、東郷は慎重で毅然としており、理性的であるとともに機敏、積極的であった。謙虚で寡黙ななかで、任務に対する深い研究心が存し、その点で多くの提督を圧していた。

東郷の研究心が盛んであった史実を例示しよう。

東郷が第一回目に常備艦隊司令長官を務めたのは明治三三年五月から翌年の一〇月までのことで、その後二年を経て、日高のあとを襲って、連合艦隊司令長官予定者として三六年一〇月に常備艦隊司令長官となっている。

第一回目のときには北清事変に応じて、艦隊を率いて現地に出征し、ロシア海軍の実状をつぶさに観察している。明治三三年一一月の舞鶴軍港における特命検閲のときに、伊東祐亨《ゆうこう》軍令部長に対し、日露の艦隊が決戦する場合の戦略・戦術を上申した。その内容は、のちに東郷が日本海海戦で採用した戦略・戦術と大差がない。

また、舞鶴鎮守府司令長官のときに、山本権兵衛海相から対露作戦の意見を求められたとき、東郷の提出した意見書が、きわめて具体的かつ客観的で、ほかの提督たちの意見書と比較して光っていたことが知られる。

この東郷の研究熱心が、山本の琴線《きんせん》に触れ、東郷推挙へと向かったとの論は説得力をもつと言っていいだろう。

幸運な男・東郷

生来の資質や研究熱心に加えて、東郷が司令長官に推挙されるにいたった要因としてあげられるのは、彼がそこまで「幸運な男」だったということである。

東郷がその後も幸運に恵まれていた例として、まず彼が相手とした敵将について見てみよう。

日露開戦のときロシアの旅順艦隊（太平洋艦隊、のち第一太平洋艦隊の主力）を指揮したのは中将スタルクである。スタルクは艦隊勤務の経験がなく、しかも消極的だったので、艦隊の士気は目に見えて消沈した。

皇帝とロシア宮廷内の側近たちが、スタルクに代わって東郷の好敵手になりうると考えた提督は、中将マカロフと少将ロジェストウェンスキーであった。両人とも一八四八年生まれで、東郷より一歳の年少である。

マカロフは露土戦争のとき、黒海におけるトルコ海軍との戦いでしばしば偉勲《いくん》を立て、皇帝から勲章三個のほか、感状（軍隊における勲功を讃える書状）・サーベルを賜っている。そのあと艦長・司令官・司令長官を歴任して、開戦のときはクロンシュタット鎮守府司令長官だった。マカロフは積極的な性格で人望もあった。その著書『海軍戦術論』は世界的に有名で、東郷も「三笠」の私室に備えていたほどである。

ロジェストウェンスキーの指揮官としての経歴は、マカロフよりかなり落ちる。実戦経験は露土戦争のときに、マカロフの部下の水雷艇長として従軍しただけであった。イギリス駐在がながく、帰国してからは砲術・爆薬関係の業務に従事し、砲術の大家と目されていた。長身で容姿・態度に優れていたため皇帝ニコライ二世に愛され、開戦のときは軍令部次長兼侍従将官だった。

独裁的で人望もあまりなかったことは、のちにバルチック艦隊（第二太平洋艦隊）を指揮して証明されることになる。

結局、スタルクが病気で本国へ帰還したあと、当然のこととしてマカロフが旅順艦隊を指揮することになった。明治三七年三月八日、マカロフの旅順着任とともに、艦隊の士気は急速に上昇した。

ところが、旅順艦隊の旗艦「ペトロパブロフスク」はマカロフ着任一ヵ月後の四月一三日午前、東郷が前日夜に「蛟竜丸《こうりゅう》」に命じて旅順港外に敷設した機雷に触れて爆沈し、乗っていたマカロフは艦と運命を共にしてしまった。

しかも、マカロフの戦死には、いくつかの偶然の要素が重なり合っていた。

マカロフは四月一二日夜、偵察のため駆逐艦八隻を出撃させた。うち一隻が味方を見失い、「蛟竜丸」を援護していた日本の駆逐艦群を味方と見誤り、夜間その列に加わって航走し、夜明けとともに戦闘になった。

これを知ったマカロフは、救援のため全艦隊に出動を命じた。ところがマカロフは、前夜、機雷敷設援護のために出動した日本の駆逐艦群を偵察に出撃したロシア駆逐艦群と見誤ってしまった。そして出撃を急いだためか、出撃前に必ず実施する掃海をそのときに限って行わず、遭難したのである。

二重の錯誤と常ならない手抜きが加わって、マカロフは戦死した。尊敬すべき好敵手を失って残念だっただろうが、ツキは東郷にあったわけである。

第二番目は、黄海海戦における、いわゆる「三笠」の幸運な一弾だ。

マカロフ戦死のあと、艦隊参謀長の少将ウイトゲフトが臨時司令長官として旅順艦隊を指揮した。艦隊は皇帝の命令により八月一〇日、ウラジオストックに回航しようとして大挙出撃し、黄海海戦となる。

はじめ東郷は敵の企図を誤判断し、危うく南方に逃しそうになった。追撃して夕暮れ近くの午後六時過ぎ、味方の一弾が旗艦「ツェザレウィッチ」の前艦橋に命中してウイトゲフトを吹き飛ばし、もう一弾が司令塔に命中して、艦長と操舵手を負傷させた。ロシア艦隊は大混乱となり、ウラジオストック回航の企図はくじけた。

第三番目は、日本海海戦の東郷の丁字戦法採用の戦闘開始の瞬時において、バルチック艦隊の陣形変換が未完成で混乱したことだ。

この経緯については図も交えて後に詳述するが、決定的な時点で、ロシア艦隊は砲戦力が発揮できず、いたずらに日本艦隊の好目標となったのである。

たしかに東郷は「幸運な男」であった。

日露開戦の経緯と日本陸軍の戦闘

さて、話をもどして日露開戦にいたるまでの極東情勢と、日本海海戦直前までの陸海での戦争の推移を簡単に整理しておこう。

周知のように、日露戦争は日清戦争後の三国干渉に端を発している。

日本は明治初年から朝鮮・台湾の支配を企図し、そのため清国と対立していた。日清戦争の要因もまさにそこにあったわけだが、ロシア帝国も急速に発達する資本主義を背景にシベリア鉄道建設を進め、極東支配を目論んでいた。

そのため、明治二八年の下関条約で遼東半島が日本に割譲されると、極東政策の重大な障害になると判断、ドイツ・フランスと結んで干渉し、遼東半島の清国への返還を求めたのである。日本はイギリス・アメリカ・イタリアに協力を要請して三国干渉に対抗しようとしたが、イギリスに拒否されたため、武力を背景とした列強に屈して遼東半島を返還する。

ロシアは日本が支配下に入れた朝鮮についても触手をのばし、閔妃《びんひ》らを使って朝鮮政府内の親日派追い落としを図った。その後、日本側の閔妃殺害にもめげず、朝鮮国王と世子をロシア公使館に幽閉して、朝鮮をほぼ手中に収めた。

また、列強による分割競争が激化していった清国では、イギリスが既得権を保持しながら各国との綱引きを展開、利権を拡げていったが、民衆の大規模な反撃を受ける。これが義和団事件（北清事変）である。

ボーア戦争に忙殺されるイギリスは、日本に出兵を求め、日本軍を主力とする連合軍が明治三三年、北京を占領して北清事変は終息した。

一方、ロシアは明治三一年、大連・旅順港の二五年の租借権と南満州鉄道の敷設権を獲得し、氷に閉ざされたウラジオストックに代わる不凍港を手に入れて、さらなる極東支配に乗り出した。北清事変の混乱に乗じて満州全土を占領したロシアに対し、日本国内には〝対露報復〟の気運が高まり、軍備費も大幅に増大していく。

日露開戦が避けられない事態に進展したのは、北清事変後のロシア軍満州撤兵をめぐる対立だった。

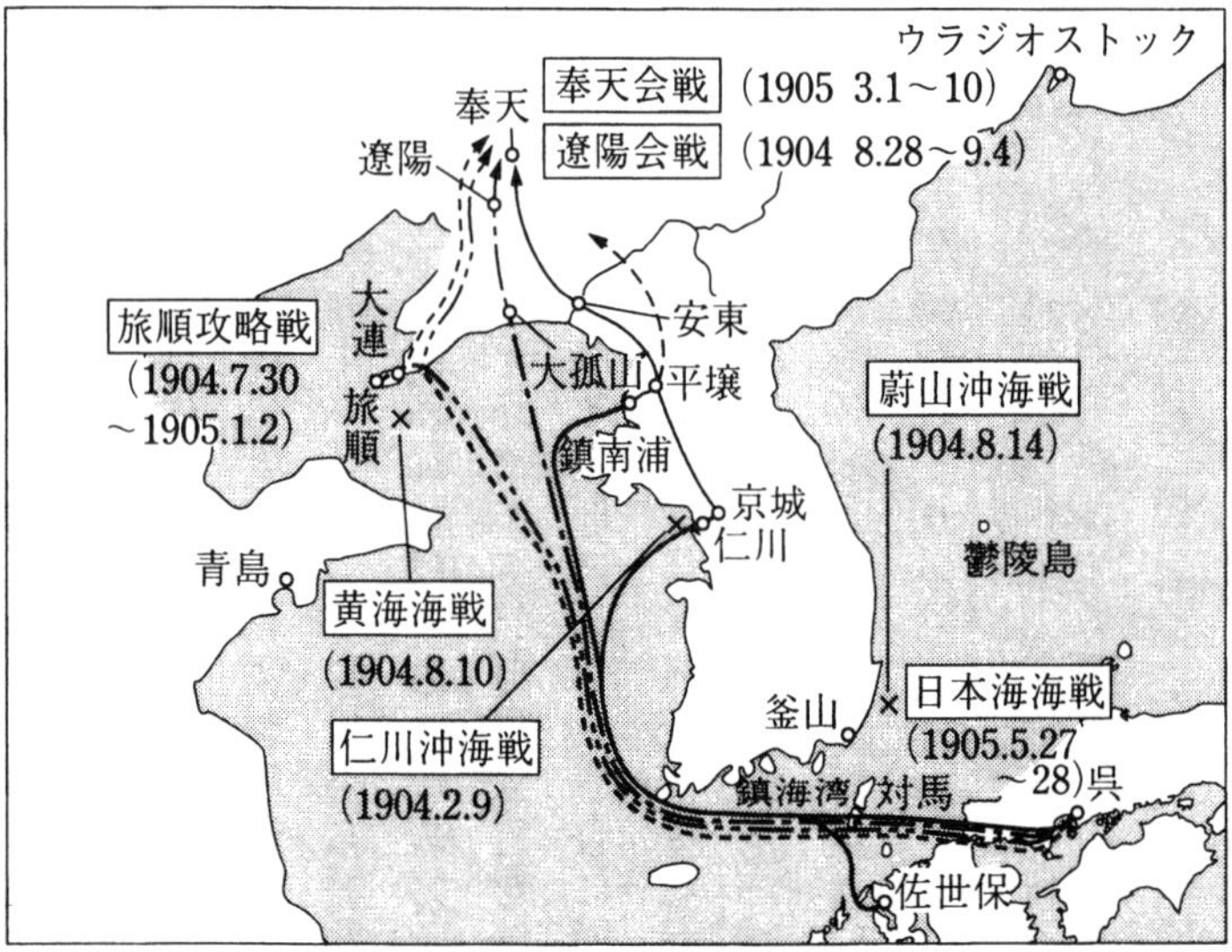

日露戦争要図（線は陸軍の移動を示す）

日英両国の抗議により、ロシアは清国と満州返還の条約を結んで第一期撤兵を行ったが、翌年には撤兵するどころか兵力を増強して満州地域の要塞を強化、さらには朝鮮半島への進出を意図して韓国の完全な中立を要求してきた。

ロシアの進出によって東アジアの利権が脅かされることに危機感を抱いた日本とイギリスは明治三五年（一九〇二）に日英同盟を締結、翌年から日本はロシアに対し、満州からの撤兵、満州・韓国における相互権益の承認などについて交渉を進めようとした。ところがロシア側はアレクセイエフ海軍大将を極東総督に任命して積極策を維持し、清国に撤兵延期を申し入れるとともに兵力をさらに増強して日本に脅しをかけてきた。

こうして日本・ロシアの外交交渉は暗礁に乗り上げ、明治三七年二月四日、日本はロシアとの交渉を打ち切って翌日「最後通牒」を発する。二月八日から九日にかけての深夜、日本の連合艦隊の駆逐隊は、旅順港外に停泊するロシア太平洋艦隊の主力を夜襲し、また二月九日午後には仁川《じんせん》（インチョン）沖海戦が起こり、日露戦争が始まった。

日本において宣戦の詔勅が発せられたのは、二月一〇日である。

黒木為楨《ためもと》大将の指揮する陸軍第一軍は朝鮮半島を北上し、五月一日、清国との国境を流れる鴨緑《おうりよっ》江《こう》渡河作戦を敢行した。奥保鞏《やすかた》大将率いる第二軍は大連東部の塩大澳《えんたいおう》に上陸し、二六日、ロシア軍三万五〇〇〇名が守備する南山要塞を占領する。

八月一〇日、東郷平八郎の連合艦隊は、旅順港脱出を図るロシア艦隊を黄海海戦で阻止し、一四日、ウラジオストック艦隊を朝鮮半島南東部、蔚山沖海戦で撃破して日本周辺の制海権を保持した。しかし旅順港のロシア太平洋艦隊は陸上の砲台に守られて相変わらず健在であり、いつまた制海権が奪われるか予断が許されない状況だった。そのため大本営は旅順要塞攻略を目的とした第三軍を編成し、乃木希典《のぎまれすけ》中将が指揮をとることになった。

一方、ロシアはシベリア鉄道を使って遼陽《りようよう》に大軍を集結させ、満州防衛の前線基地とする。日本軍も大山巌《いわお》元帥を総司令官、児玉源太郎大将を総参謀長に満州軍総司令部を編成し、南満州の野に三二万の兵力を送り込んだ。八月二八日、日本軍とクロパトキン大将率いるロシア軍とのあいだで遼陽大会戦が勃発し、激戦の末にロシア軍は奉天《ほうてん》まで退却、日本軍は遼陽を占領した。

一気に攻勢に転じようとする日本軍はロシア軍の中央突破を図って激戦を展開、両軍の兵力は消耗し、沙河《さか》をはさんで対峙することになる。

乃木希典の第三軍は八月から旅順要塞の攻撃を開始していたが、中将ステッセルが守る堅塁はなかなか崩せず、二度にわたる総攻撃は膨大な死傷者を出して中止された。しかし、一一月二六日からの第三回総攻撃では目標を二〇三高地に定め、六万四〇〇〇名中一万七〇〇〇名という死傷者を出したものの、翌明治三八年一月一日、ついに攻略に成功、高地から旅順港内のロシア太平洋艦隊を砲撃して、これを壊滅させた。

その後、二月二二日から三月一〇日にかけて、両軍あわせて五七万が激突した奉天大会戦が起こるが、これにも勝利した日本軍は地上戦での勝利をほぼ決定付ける。

しかし、ロシアはこの劣勢を一挙に挽回するため、バルト海にあった艦隊で太平洋第二艦隊を編成、極東の拠点ウラジオストックに入港させようとしていた。

東郷率いる連合艦隊の使命は、このバルチック艦隊殲滅《せんめつ》にあった。

もし強力なロシア大艦隊が、たとえその一部でもウラジオストックに入港すれば、日本近海はもとより黄海周辺の制海権は脅かされ、補給路を断たれた大陸の日本陸軍は多大な犠牲を払って獲得した勝利をむなしく放棄せざるをえなくなる。

東郷は完璧な勝利を求められていたのだった。

ウラジオストック艦隊の示威行動

以上のような経緯によって東郷率いる連合艦隊はバルチック艦隊を迎え撃つことになったわけだが、ここからは開戦直後からはじまった日本のシーレーン（制海権）防衛をめぐる個々の局面について詳述しておきたい。

日本海軍は日清戦争後、戦前に予算が通過していた一万二〇〇〇トン級の「富士」「八島」に加えて、一万五〇〇〇トン級の新計画戦艦四隻の建造に入った。「富士」「八島」は明治三〇年に完成。これに続く新計画戦艦「敷島」「朝日」は明治三三年、「初瀬」は明治三四年、のちに連合艦隊旗艦となる「三笠」は明治三五年に完成している。

日露戦争が始まったとき、日本はこれら新鋭の戦艦六隻を主力とし、一万トン級の一等巡洋艦（装甲巡洋艦とよばれる）六隻をあわせて保有していた。一等巡洋艦「浅間」「常磐《ときわ》」は明治三一年、「八雲」「吾妻」「出雲」は明治三三年、「磐手《いわて》」は明治三四年に完成した。

これが連合艦隊の主力であり、いわゆる「六六艦隊」の名称は、この戦艦六隻・巡洋艦六隻の構成を意味している。ちなみに「八雲」がドイツ、「吾妻」がフランスで建造されたほか、残りの一〇隻はすべてイギリスの造船所で建造されている。

このほか巡洋艦一二隻、駆逐艦一九隻、その他砲艦、水雷艇などを加え、連合艦隊の総排水量は二三万三二〇〇トン余。この戦力でもって、全艦隊の総排水量五一万トン余を誇るロシア海軍と対決していくことになったのだ（ロシア側の数字には、動員されていない黒海艦隊も含まれている）。

連合艦隊が仁川沖の海戦に勝利し、喜びに沸いているころ、日本周辺には別の脅威が迫っていた。

開戦の詔勅が発せられた当日の二月一〇日午後一〇時過ぎ、汽船奈古浦《なごのうら》丸（一〇八四総トン）は米四〇〇〇俵と乗客四人を乗せて、山形県酒田港を出港し、北海道に向かった。目的地は小樽港である。

翌一一日の午後一〇時三〇分、青森県西側で日本海に突き出した恰好の艫作崎《へなしざき》（黄金崎ともいう）付近を航行していたとき、奈古浦丸は国籍不明の軍艦四隻と遭遇した。

当日は南東の風が強く、波が高かった。船長は、もよりの陸地まで一〇カイリ（一カイリは一八五二メートル）以上あるので、逃げられないと観念して総員を甲板上に集め、不安を感じながらそのまま進行したところ、やがてロシアの軍艦であることが判明し、進退きわまって速力を落とした。

このロシア軍艦はウラジオストックから示威行動のために出撃した巡洋艦「ロシア」以下四隻からなる太平洋艦隊の一部だった。

開戦時、ウラジオストック港にはロシア太平洋艦隊の支隊がおり、その兵力は一等巡洋艦「ロシア」、同「グロモボイ」、同「リューリック」、二等巡洋艦「ボガツイリ」、仮装巡洋艦「レーナ」および水雷艇一八隻であった。

「ロシア」に座乗する大佐レイツェンシテインを司令官に戴くウラジオストック艦隊の士気は高く、

旅順のロシア艦隊主力が日本の駆逐隊に襲撃されたのを知ると、二月九日に砕氷船を使って航路を開き、「ロシア」以下四隻の巡洋艦隊は、津軽海峡方面に第一回の出撃をしてきたのだった。

ロシア軍艦は空砲一発を放って奈古浦丸を停止させ、日本船であることがわかると四隻で同船を包囲し、船を見捨てるよう信号した。奈古浦丸を沈めるというのである。まもなく実弾数発を撃ち込まれた。船員と乗客はかろうじて救命艇二隻に乗り移ったが、砲撃で負傷した船員二人が移乗のとき誤って海中に転落して死亡した。

二隻の救命艇は陸地に向かって漕ぎだし、現場から逃れようとしたものの、ロシア軍艦二隻が左右から徐行しつつ発砲したため、やむなく救命艇はロシア軍艦「グロモボイ」に漕ぎよせ、人員は艦上に収容された。船長はこのとき、奈古浦丸が船尾より沈みはじめ、直立して沈没したのを確認している。

そのとき同じ海域で、奈古浦丸と同様に酒田港から小樽に向かっていた全勝丸（三二三総トン）も、ロシア軍艦に発見されて砲撃を受けている。しかし玄米を積んだ全勝丸は傾斜しただけで撃沈をまぬかれ、二月一一日夜、渡島《おしま》半島南西端の白神岬に近い福島港にたどりついた。

ロシア軍艦が全勝丸を見逃したのは、ウラジオストックの太平洋艦隊が出動したことを広く日本国民に知らせるためであったという。

警戒にあたっていた艫作崎の海軍望楼は、ロシア艦隊を見つけて大本営に報告し、福島の村長は奈古浦丸の沈没と全勝丸の被害を函館支庁に届けた。また函館要塞司令部は、ロシア艦隊が二月一一日夜に津軽海峡を通過しようとするか、または一二日朝に、小樽、函館を攻撃するかもしれないと大本営から警告されて、緊張感を強めた。

このような情報は、警察や公私の諸機関から、一般国民に伝わり、函館市民はパニック状態に陥った。それが静まったのは二月一三日夕刻に陸軍部隊が到着し、翌一四日に戒厳令が施行されてからであった。

日本の沿岸に出没して、シーレーンを脅かす目的のウラジオストック艦隊（以下ウラジオ艦隊と略）だったが、天候が険悪となったため、ながく日本の沿岸で行動するのを断念し、奈古浦丸の乗員三七人、乗客四人を「グロモボイ」に収容して、二月一四日午後三時、母港へ帰着した。

日露両海軍の作戦方針

ロシア太平洋艦隊は、明治三四（一九〇一）年に策定された対日作戦方針に基づいて、早くから戦備を整え、作戦計画を定めていた。

日露戦争開戦当時の日本艦隊の勢力は前述の通り、総排水量二三万三二〇〇トン余である（特務艦船を除く）。

これに対しロシア太平洋艦隊の勢力は、戦艦七隻・一等巡洋艦四隻・二等巡洋艦以下一〇隻、ほかに砲艦・駆逐艦などを加えると総排水量は一九万一〇〇〇トン余で、日本側がやや優勢であるものの、それほどの差はなかった。

太平洋艦隊の任務は、渤海《ぼっかい》・黄海・南朝鮮海域の制海権を保持することであった。このため艦隊主力を旅順に置き、日本軍の黄海進入を阻止して朝鮮への揚陸を防ぎ、同時に艦隊支隊をウラジオストックに配備、日本のシーレーンを攻撃して日本沿岸を脅かすことで日本の連合艦隊を牽制、黄海と日本沿岸の二つの艦隊を分断しようと図っていた。

前述のウラジオ艦隊の第一回出撃は、このような作戦方針に完全に沿うものであった。

ところで、中将・東郷平八郎を司令長官とする連合艦隊は、開戦初頭に仁川沖でロシアの派遣艦隊を全滅させ、旅順港外の敵主力を夜襲した。その後、同港の閉塞作戦を行うなどして、敵の主力艦隊の封鎖に努力し、なんとか黄海の制海権を保持し、陸軍部隊の輸送と揚陸が可能となっていた。

ウラジオ艦隊に対する警戒としては、中将・片岡七郎の指揮する旧式艦艇から成る第三艦隊（はじめは連合艦隊に属しない独立艦隊だった）が、対馬の竹敷要港《たけしきようこう》（要港は軍港に次ぐ海軍の警備港）を根拠地として、対馬海峡の防衛にあたった。

片岡は、第五戦隊（二等巡洋艦四隻）・第六戦隊（三等巡洋艦四隻）・水雷艇隊四隊（水雷艇一四隻）などの艦艇で、昼夜にわたって海峡を監視、ほかに第七戦隊（砲艦・海防艦など一〇隻）を朝鮮南岸海域に行動させてロシア船舶を捕えるとともに、付近海面を航行する陸軍運送船の安全確保をはかった。

しかし、第二線の旧式艦艇からなる第三艦隊の陣容では、ウラジオ艦隊の日本のシーレーン攻撃に対抗できないことが、すぐに判明した。

ウラジオ艦隊の第二回出撃は、明治三七年二月二四日である。第一回と同じく巡洋艦四隻の兵力で、元山《げんざん》(ウォンサン)港と北朝鮮の日本海沿岸海域を偵察したあと、三月一日に帰投する。

日本の大本営は、ウラジオ艦隊の第二回出撃を確認すると、第一回のときの函館のパニックや海運業界の動揺といった状況にもかんがみ、連合艦隊の一部をウラジオストック方面に出動させて、敵を威圧することが必要であると考えた。

大本営は、朝鮮北西岸に進出している東郷に対し、同年二月二九日、その実行を命令し、同時に独立していた第三艦隊を連合艦隊に編入した。

東郷はウラジオ艦隊を迎撃、行動を抑制せよとの大本営命令を、中将・上村彦之丞が指揮する第二艦隊主力を出動させて実行しようとした。

上村は嘉永二年(一八四九)、東郷と同じく鹿児島城下に生まれ、戊辰戦争に従軍したあと、海軍兵学寮に入って以来、海軍軍人としての人生を一直線に進んだ。青年将校時代のほとんどすべてを海上勤務で過ごし、日清戦争のときには少佐で、竣工したばかりの巡洋艦「秋津洲《あきつしま》」の艦長心得を務めている。正式に秋津洲艦長となったのは明治二七年一二月で、同時に少佐から大佐に昇進している。日清戦争後に常備艦隊参謀長を務めたあと、はじめて中央勤務に転じ、海軍省人事課長、同軍務局長、さらには海軍軍令部次長となり、優れてバランスのとれた経歴を有することになった。

日露戦争に備えて、はじめて海軍に連合艦隊が誕生したとき、東郷が第一艦隊兼連合艦隊司令長官に、上村が第二艦隊の司令長官になったが、巡洋艦を中心とする足回りの速い部隊を第二艦隊として編成する日本海軍の方針は、それ以後、太平洋戦争の中期に第一艦隊が廃止されるまで、終始変わることがなかった。

上村彦之丞の迎撃戦

ウラジオ艦隊の牽制作戦を押さえきれないということで、第二艦隊司令長官・上村彦之丞が当時国民から非難されたのは、よく知られていることだが、第二艦隊の作戦の実態を正しく伝える史書は非常に少ない。史実を直視しない論評は、かえって有害でさえあるので、ここでウラジオ艦隊に対する作戦を正確に素描してみよう。

大本営の希望したウラジオストック方面威圧作戦は、上村の指揮する一等巡洋艦五隻（第二戦隊）、二等巡洋艦二隻（第三戦隊）が、黄海方面から長駆して急行し、ウラジオ港外の結氷区域の薄氷海面から、造船設備などを目標として砲撃を加えるという形でまず行われた。明治三七（一九〇四）年三月六日午後である。

在泊中のウラジオ艦隊は、準備を整えて錨《いかり》をあげたものの、港内が混雑して外に出るのが遅れた。日没のためもあり、すでに沖合に出ていた上村の艦隊と交戦するには至らなかった。

上村は翌三月七日、ふたたびウラジオ港に接近して偵察と威嚇運動を行い、そのあと元山、佐世保を経て、旅順方面の作戦に復帰している。

これら一連の上村艦隊のウラジオストック方面への第一次出動は、結果的には効果が不十分だったことは否めない。

大本営は東郷に対し、好機があればさらに同方面への威圧作戦を行うよう希望した。

上村の第二次出動は、可能ならばウラジオ艦隊を撃滅することを期し、また遼東半島に集中するロシア陸軍を、ウラジオストック方向に牽制しようとするものであった。

第二次出動には大きな兵力が投入された。一等巡洋艦五隻（第二戦隊）を中核とし、ほかに巡洋艦五隻・駆逐艦四隻・水雷艇七隻・通報艦一隻・特務艦一隻があり、さらに艦隊運送船の金州丸も加わっている。

作戦は、元山を主基地として実行された。上村がもっともウラジオストックに接近したのは四月二四日である。しかし上村は、海上にたちこめる濃霧のため攻撃ができず、再攻撃を期して元山に帰還せざるをえなかった。ところがそこでウラジオ艦隊の第三回出撃と金州丸の変事を知らされる。日露の艦隊は、霧のなかで行き違ってしまったのである。

ウラジオ艦隊の第三回出撃は、新しく着任した司令官・エッセン少将が指揮したもので、巡洋艦「ロシア」「グロモボイ」「ボガツィリ」と水雷艇二隻から成り、元山付近の偵察と函館の砲撃を目的としていた。ロシアの二隻の水雷艇は四月二五日、元山港に進入して、汽船五洋丸（六〇一総トン）

を魚雷で撃沈した。

このあとエッセンは、水雷艇に対して母港に帰航するよう命じ、自らの巡洋艦三隻で津軽海峡に向かおうとしたところ、同日午後一一時ごろ、単独航行中の金州丸と遭遇したためこれを撃沈し、予定を変更して四月二七日、ウラジオストックに帰投した。

金州丸は、上村の本隊と同行してウラジオ作戦を行うのが不適であったため、元山で陸軍一個中隊を乗船させ、水雷艇四隻に護衛されて利源（元山の北東八〇カイリの港）におもむき、陸軍部隊を上陸させて、同地域に出没するというロシアの騎兵斥候《せっこう》への威嚇と偵察を行ったあと、陸軍部隊を収容した。ところが荒天だったために水雷艇が港を出られず、独行して元山に帰ろうとしていたのである。

四月二六日午後、元山港外に到達した上村は、ただちにウラジオ艦隊の追尾と金州丸の捜索に出動する。しかし目的を果たすことはできず、予定されていたウラジオ港外への機雷敷設を行ったのみで、五月四日には鎮海湾に帰着している。

金州丸の監督官・陸軍中隊長・船長ほかの関係者は、あるいは抑留され、あるいは自殺・戦死し、あるいは短艇で朝鮮沿岸に逃れ、「浦塩《ウラジオ》艦隊」の名はふたたび、日本国内をふるえあがらせることになった。

大胆不敵なウラジオ艦隊

ロシア・ウラジオ艦隊による日本のシーレーン攻撃を封殺しようとする、二次にわたる日本第二艦隊のウラジオストック軍港への威圧作戦は、不成功に終わった。

明治三七年（一九〇四）五月以後、ウラジオ艦隊に対し、対馬海峡を防衛する任務は上村の第二艦隊が受け持つことになり、それまでこの任務を負っていた片岡の第三艦隊は、遼東半島への陸軍揚陸（船から上陸させること）の支援にまわることになった。

ウラジオ艦隊の第四回出撃は、旅順・ウラジオの艦隊を合流させた太平洋艦隊司令長官・中将ベゾブラーゾフ直率《じきそつ》のもとに行われた。将旗を「ロシア」に掲げ、「グロモボイ」「リューリック」の三隻で出撃、目的は対馬海峡の日本陸軍のシーレーンを襲うことである。そして、この第四回出撃が上村に対する非難を決定的なものにした。

ウラジオ艦隊は六月一二日に出撃し、一五日護衛艦のいない陸軍運送船・和泉丸、常陸丸、佐渡丸を攻撃し、佐渡丸のみは危うく沈没をまぬかれたものの、ほかの二隻を撃沈する戦果を挙げた。常陸丸・佐渡丸は、それぞれ陸軍部隊一〇〇〇人余を乗船させて宇品《うじな》（広島市）を出港し、遼東半島に向かうところで、和泉丸は遼東半島から宇品に帰る途中であった。

沈没船の関係者は一部は砲撃により死傷し、一部はロシア軍艦に収容され、一部は日本の海岸にたどりついたが、大部分は水死した。輸送指揮官で常陸丸船上にあった近衛後備歩兵第一連隊長・須知源次郎中佐は軍旗を焼却したあと、笑顔を見せながら自刃した。

上村は、ウラジオ艦隊が海峡に進入したとき対馬の泊地に在泊中で、敵発見の報告でただちに全力で出動し、敵を追ったが、濃霧と、ウラジオ艦隊が遠く北海道方面へ迂回して六月二〇日に母港に帰投したので、日本海西部を捜索していて攻撃の機会がなかった。

当時の新聞は須知源次郎の自刃と上村艦隊の出撃空振りを書き立てたため、国民は上村に対して不満を爆発させる。留守宅に投石があったり、切腹を要求する投書が舞い込んだりした。しかし、上村が成果をあげられなかったのは、まったくの不可抗力と言うしかなかった。

ウラジオ艦隊の第五回出撃も、中将ベゾブラーゾフ自らが直率するもので、第四回出撃のときの巡洋艦三隻に、仮装巡洋艦「レーナ」と水雷艇八隻が加わっていた。

六月二八日に出撃し、まず水雷艇隊が六月三〇日、元山港に進入して日本人の居留地を攻撃し、在泊していた汽船、帆船の乗員を退船させたあと船体を焼いた。敵将ベゾブラーゾフは「レーナ」と水雷艇群にウラジオストックに帰るよう命じたあと、巡洋艦三隻で北東に向かい、七月一日対馬海峡に進入した。

このとき上村は、ロシア水雷艇群の元山港襲撃の情報とともにウラジオ艦隊の第五回出撃を知り、前日朝に対馬の要港を出港して警戒中であった。

日露の艦隊は七月一日午後六時三五分、対馬海峡の東水道で、距離二万二〇〇〇メートルで遭遇した。

上村は敵の退路を断とうとしたが、ウラジオ艦隊は高速で避退行動に移り、落伍しそうになる「リユーリック」を援護しつつ、日没の暗さに助けられて、日本の水雷艇隊の襲撃を砲撃でかわしたあと、危うく虎口《ここう》を脱して七月三日、母港に帰ることに成功した。

ウラジオ艦隊は開戦以来、対馬海峡への二回にわたる出撃をも含んで、しばしば日本近海に出没し、たくみに日本艦隊との遭遇を避け、日本のシーレーンを脅かしつづけた。半年足らずの間に、日本の汽船七隻、帆船四隻が同艦隊に撃沈され、イギリス汽船一隻が捕えられた。しかも第五回の出撃までは、出撃海域が日本海方面に限られていたのに、次の第六回出撃ではさらに大胆不敵な行動に出て、日本の太平洋岸のシーレーンを脅かす挙に出たのである。

第六回の出撃は、少将エッセンが指揮するもので、「ロシア」「グロモボイ」「リューリック」からなり、七月一七日に出港してまず津軽海峡に向かった。

エッセンは七月二〇日早朝、海峡を東に流れる潮流に助けられて高速力（二二ノット）で津軽海峡を突破し、太平洋に出た。そこから日本のシーレーンを攻撃しつつ大胆にも東京湾口まで南下し、七月二三日から二五日にかけて、御前崎、石廊崎《いろうざき》、野島崎などの沖合で遭遇する船舶をつぎつぎに臨検して攻撃し、北方に去った。

太平洋岸を東京湾口まで南下したウラジオ艦隊の第六回出撃は、「ロシア」乗組将校の手記によると、「日本の陸軍部隊を搭載した一二隻の運送船が、巡洋艦二隻・戦艦一隻に護衛されて、韓国に向かい横浜を出港する」との情報を受けて、司令長官ベゾブラーゾフが司令官エッセンに出撃を命じた結果であると考えられている。

エッセンが、東京湾口でまず西方の御前崎から回り込み、野島崎へ向け東航している行動は、この情報を首肯させるものがある。それにしてもこの行動は、ウラジオ艦隊の自信と士気の高さをうかがわせるものである。

七月二〇日から二五日の間に、ウラジオ艦隊に臨検された船舶は合計一二隻に達し、そのうち七隻が撃沈され、二隻が捕えられ、三隻が解放された。撃沈された船舶のなかには、イギリス船、ドイツ船各一隻が含まれる。捕えられた船舶も、イギリスとドイツの船であった。

日本国内に衝撃を与え続けるウラジオ艦隊の出撃を知って、日本海軍はこれを捕捉しようとして必死になった。

大本営は、ウラジオ艦隊が太平洋岸を西航して東シナ海、黄海に入り、旅順艦隊と合同するかもしれないと考え、対馬にある上村に対し七月二四日午後一時、第二艦隊を率いて宮崎県都井《とい》岬に急行するよう命じた。

上村はそのあとも大本営の命令により、九州・四国・関東南方洋上を索敵した。ウラジオ艦隊が津軽海峡を西航し、帰路についたときには、伊豆七島方面にあった。

大本営の考え方に反し東郷は、ウラジオ艦隊が津軽海峡を西航するものと予想したようで、上村に対し七月二四日、津軽海峡西口に直進して敵の帰途をさえぎり攻撃するよう命じている。

上村は同日、大本営の命令により午後三時に対馬の竹敷要港を出港して都井岬に向かって南下しているとき、午後八時に東郷の命令を受領したが、そのまま大本営の命令・指示により行動を続けた。

エッセンは、東京湾口で行動したあと、宗谷海峡を通ってウラジオストックに帰ろうとしたものの、濃霧と石炭の不足に悩まされて、予定を変更して七月三〇日、ふたたび逆潮《さかしお》渦巻く津軽海峡を西航した。海峡防備の弱体な日本軍艦とは視界内に入っただけで交戦はなく、八月一日、全世界を驚かせつつ無事に母港へ帰ることに成功した。

敵将エッセンは帰航途上で、津軽海峡西口で日本の第二艦隊と交戦することを覚悟していたが、日本の大本営の誤判断により救われる結果となった。敵艦隊の捕捉に誤判断が生じたことは、きたるべき日本海海戦における大本営の判断にも微妙な影を落としたと言えるかもしれない。

ウラジオ艦隊の敗走

こうした情況下、明治三七年（一九〇四）八月一〇日、東郷の連合艦隊主力に封鎖されて旅順にあったロシア太平洋艦隊主力は、日本の封鎖網を破ってウラジオストックに逃れようと大挙して出撃した。

これを知ったウラジオストックのロシア太平洋艦隊司令長官・中将スクルイドロフは、司令官・少将エッセンに対して、「ロシア」「グロモボイ」「リューリック」を率いて主力を援助するよう命じ、エッセンは八月一二日、母港を出撃して対馬海峡に向かった。第七回の出撃である。

ところが、ロシアの主力艦隊は八月一〇日に東郷と黄海海戦を戦って敗れ、大部分は旅順に帰港し、一部は南方洋上などに逃れていた。エッセンはそれを知らずに、八月一四日早朝、対馬海峡に近づいた。

黄海海戦に勝利した東郷はシーレーンを保持すべく、対馬にある上村に出撃を命じた。第二艦隊主力は八月一一日に対馬から出撃し、対馬海峡を厳守しつつ八月一四日早朝には、朝鮮南東岸の蔚山沖にあった。

司令長官上村の直率する一等巡洋艦「出雲」「吾妻」「常磐」「磐手」の第二艦隊第二戦隊四隻は、一四日午前四時五〇分、「ロシア」を先頭とするウラジオ艦隊が夜明けとともに視界内に入ったのを確認した。距離一万メートルあまり。既述のとおりウラジオ艦隊は第五回出撃の時には、対馬東水道で上村の視界内に入りながら逃走に成功している。そのときはすでに夕刻であり、しかもウラジオ艦隊は日本艦隊の東北方にあって、距離も二万メートルを超えていた。

しかし、今回の遭遇は、夜が明けた時刻であるうえ、一万メートルと近距離で、しかも日本艦隊はウラジオ艦隊の北方にあってウラジオストック側に位置し、両艦隊とも南下中の遭遇であった。

エッセンは速力を増し、東方に急旋回したあと北東に逃れようとしたが、北方に位置する優速、つまり速度において勝る上村艦隊と必然的に砲戦となり、乱戦に入った。激しい砲撃戦が午前五時二三分から三時間にわたって続き、「リューリック」がまず舵をやられて落伍し、エッセンは他の二艦でもって四度にわたり「リューリック」を援護しようとして反転を繰り返したが、ついに断念して北方に逃れた。

蔚山沖海戦の後半では二等巡洋艦「浪速」「高千穂」（第四戦隊）も加勢したので、上村は北へ逃れる「ロシア」「グロモボイ」を午前一〇時過ぎまで追ったが、「出雲」の弾薬欠乏との報告を聞くと、追撃を断念して、「リューリック」の完全な撃沈を得策と考えて南下した。

「リューリック」では、副長がまず負傷し、ついで艦長が戦死し、かわった水雷長も負傷したあと、航海長（大尉）が指揮にあたった。艦が絶望的状態であるのを知った航海長は総員退去を命じ、四個のキングストン弁（船底にある排水弁）を開いた。一四日午前一〇時三〇分、「リューリック」は艦尾から左舷《さげん》に横転して沈んだ。蔚山の東方四〇カイリであった。

上村が現場に到着したときは、すでに「リューリック」が沈没したあとだった。漂流していた乗員の大部分は日本の軍艦に救助された。

上村が追撃を断念した「ロシア」「グロモボイ」も、大きく撃破されていた。エッセンは上村が追撃を打ち切ったのを「意外」と感じた。上村があとしばらく追えば、両艦を撃沈できた公算が強かったからである。報告では弾薬が欠乏したためというが、砲弾の欠乏は弾庫のみの話で、弾薬通路から砲側までにはかなり残されていたと考えられる。上村が追撃しなかったのはいかにも惜しい。

「ロシア」「グロモボイ」の両艦では将校の五〇パーセントが戦死し、下士官兵の二五パーセントが死傷していた。両艦は戦場を離れたあと海上に停止し、水線部と喫水部《きっすい》（舷側の水に漬かる部分）の破孔をふさいで、八月一六日にようやく母港に帰りつくことができた。

ウラジオストックの工廠《こうしょう》は、「ロシア」「グロモボイ」の修理に努め、一九〇四年（明治三七）一〇月下旬にいちおう完成したものの、一一月上旬に「グロモボイ」が暗礁に触れて、再度の修理が必要となった。造船所の工員や材料も不足がちとなり、「ロシア」だけがときどき出撃するのみで、ウラジオ艦隊の士気と行動は日本近海をふたたび脅かすまでに至らなかった。

このようにして、ひとまずウラジオ艦隊の脅威は解消されたのだが、日本艦隊は、さらに強大なバルチック艦隊の襲来に備えなければならなかったのである。

第三章　バルチック艦隊、対馬へ

バルチック艦隊、極東へ

ロシアは日露戦争開戦時、太平洋艦隊が保有する戦艦七隻をすべて旅順に置いていた。最大は一万二〇〇〇トン級の「ツェザレウィッチ」であるが、しかしこれも日本の一万五〇〇〇トン級新鋭戦艦には及ばなかった。

装甲巡洋艦（一等巡洋艦）は四隻を旅順に、三隻をウラジオストックに配備していた。

旅順艦隊は開戦直後から日本の連合艦隊に港を封鎖され、ウラジオストックの巡洋艦群がたびたび日本のシーレーンを脅かしたものの、八月一四日、上村彦之丞の率いる第二艦隊に蔚山沖海戦で撃破されて勢力を失い、一九〇五年（明治三八）元日に旅順要塞が降伏するとともに、ロシア太平洋艦隊はほぼ全滅した形になっていた。

これに先立つ一九〇四年四月三〇日、ロシア海軍首脳部は太平洋第二艦隊を編成し、東洋への回航作戦を行うと発表し、五月二日には、ロジェストウェンスキー少将を第二艦隊司令長官に発令していた。この編成替えによって、それまでの太平洋艦隊は太平洋第一艦隊と呼称されることになった。

太平洋第二艦隊は、建造中の軍艦を急ぎ完成させ、これらの練習航海を終え、運送船などを集めて編成を整えると、首都ペテルブルグに近い軍港クロンシュタットを出て九月一一日、フィンランド湾口の軍港レーウェリに集結した。

第二艦隊の主力は七隻の戦艦だった。一万三〇〇〇トン級の「スウォーロフ」「アレクサンドル三世」「ボロジノ」「アリヨール」の四隻と、一万二〇〇〇トン級の「オスラービア」、一万トン級の「シソイ・ウェリーキー」「ナワリン」である。

この太平洋第二艦隊が、いわゆるバルチック艦隊の基幹艦船である。

艦隊派遣による頽勢《たいせい》の挽回に熱意を燃やす皇帝ニコライ二世は、レーウェリで全艦隊を観閲、将兵を激励した。

艦隊はさらに拡張工事中の新しい軍港リバウに回航して出撃準備を完了し、一〇月一五日朝、地球をほぼ半周するほどの長く苦しい遠征の途についた。

皇帝は艦隊出港三日後の一〇月一八日、ロジェストウェンスキーを中将に進級させた。バルチック艦隊はまさに皇帝の艦隊であったが、帝政ロシア末期の艦隊の下層部にはすでに革命思想が入っており、必ずしも士気が高かったとは言えない。

日本の軍艦が襲撃するとのうわさにおびえていた第二艦隊は、北海を通過中にイギリスの漁船群を誤って砲撃する国際的事件を起こし、世界の笑いものとなったりしたが、一〇月末から一一月初めにかけて、各艦船が順次モロッコのタンジールに到着した。モロッコは親ロシアのフランス領である。

通常なら、艦隊は地中海を経由し、スエズ運河を通ってインド洋を横断するというコースをとるだろう。しかし一万三〇〇〇トン級の「スウォーロフ」はじめ第二艦隊の主力艦船は喫水が深く、当時のスエズ運河の水深では通ることができなかった。そのため艦隊を二分して、少将フェルケルザムが指揮する一万トン級の戦艦二隻を中心とした支隊のみがスエズ運河を通り、遠く喜望峰を回る本隊とマダガスカル島で合流することになっていた。

喫水の深い主力五隻の戦艦を中心とする本隊は、ロジェストウェンスキーが直率して、アフリカ西岸の各地で主としてドイツの石炭船から補給を受けつつ喜望峰を迂回し、マダガスカル島東方を北上した。主隊と支隊が再合流したのは、一九〇五年一月九日、マダガスカル島北西岸に位置するノシベ島近海であった。ここもフランス領である。

旅順にある太平洋第一艦隊が健在であり、しかも遠征のバルチック艦隊が日本近海に到着すれば、ロシアの両艦隊の勢力は約三五万トンとなる。そうなると日本の約二三万トンを大きく上回り、日本艦隊は腹背に敵の脅威を受けて苦しい戦いとなるところであった。

この事態を恐れた日本は、多大の犠牲もいとわず旅順攻略を急いだのである。

明治三七年（一九〇四）一二月二一日に太平洋第一艦隊が全滅、ついで旅順が陥落すると、航海を続けるロシア太平洋第二艦隊の前途は急に暗澹《あんたん》たるものとなった。だが、ウラジオストック入港を果たせば、満州の日本軍を孤立させ、戦況を好転させられるかもしれない。バルチック艦隊の目的は、ただこの一点にしぼられてきた。

一方の日本は旅順の封鎖作戦中、戦艦「初瀬《はつせ》」「八島《やしま》」をロシアの敷設した機雷で失ったものの、開戦前にイタリアの造船所で建造中のアルゼンチンの一等巡洋艦（七〇〇〇トン級）二隻をロシアと争い購入することに成功した。これが巡洋艦「春日」「日進」で、二隻は開戦後しばらくして横須賀に到着、触雷沈没した二隻に代わって戦列に加わった。

日本海軍の「六六艦隊」はいぜんとして健在で、士気も高く、遠来のバルチック艦隊を待ち受けることになった。

この時期、ロシアの首脳部ではバルチック艦隊の遠征続行に論議があり、ロジェストウェンスキー自身も、訓練が不十分のうえにときにはストライキまがいの行動をとる乗員が、練度がたかく、士気も旺盛な日本艦隊を撃破するなど至難の業であることを自覚していた。しかし、本国首脳部は遠征の続行を命じた。皇帝ニコライ二世は、ぐらついている帝国をささえるには、バルチック艦隊が日本近海の制海権を獲得し、満州にある日本の野戦軍の補給路を断つことがぜったいに必要だと考えていた。

そこで皇帝はさらに、第二艦隊に編入できなかった残余の旧式艦船でもって第三艦隊を編成し、少将ネボガトフを指揮官として、一九〇五年（明治三八）二月一五日リバウを出港させ、第二艦隊の後を追わせた。第三艦隊は九〇〇〇トン級の戦艦「ニコライ一世」を中心としていたから、全艦船がスエズ運河を通過できた。最初の目的地は合流地点であるマダガスカル島の錨地《びょうち》ノシベであった。

バルチック艦隊最後の出港

そのころ満州での戦況は、明治三八年一月一日に旅順要塞が陥落、旅順港のロシア主力艦船が壊滅するなどロシアにとってきわめて悲観的なものだった。

しかも、第三艦隊がリバウを出港してしばらくすると、史上稀ともいえる大規模な奉天会戦においてロシア陸軍が敗退したという情報も入ってきていた。

奉天会戦の敗報に接したロシア首脳部は、第三艦隊との合同に先んじて第二艦隊の東航を命じ、ロジェストウェンスキーは三月一六日、錨《いかり》をおろしていたノシベを発し、フランス領インドシナ（現在のベトナム）の良港カムラン湾へと向かった。

第二艦隊はインド洋上で、どこにも寄港せずにしばしば洋上に停止し、給炭船から石炭を補給した。四月五日、マラッカ水道に入り、シンガポールを通過、四月一四日には、カムラン湾の外港に投錨《とうびょう》した。

東アジアの利権問題にかんがみて反ロシアの立場をとるイギリスは、戦争そのものに関しては中立だった。しかし当時は日英同盟条約が結ばれており、もし日本がロシア以外の第三国から攻撃されるような場合には、イギリスは日本側に立って戦う義務を負っていた。

対してフランスはロシアの同盟国であり、ロシア艦隊に好意を寄せていた。しかし、中立国の義務に違反してイギリスと戦闘状態にはいる危険を冒してまで、ロシア艦隊を援助することには躊躇せざるをえなかった。

そのため第二艦隊はながくカムラン湾に碇泊《ていはく》していることができず、同湾北方四〇カイリに位置し、高い山々に囲まれたバン・フォン湾に向かい、四月二六日、入泊した。ここが彼らにとって最後の寄港地となった。

第二艦隊を追いかけていたネボガトフの第三艦隊はスエズ運河を通過し、四月二日にはフランス領ソマリアのジブチに到着したが、ここで直接南シナ海に向けて進航するよう命令を受ける。第三艦隊はインド洋北部を横断して五月一日マラッカ海峡に入り、五月四日にシンガポール沖を通過する。その際、「バン・フォン湾で第二艦隊に合同するように」とのロシア本国からの命令を伝えられた。

第二艦隊はバン・フォン湾外に出て漂泊しつつ、第三艦隊を待ち、両艦隊は五月九日、洋上で合同した。

第三艦隊は五月一〇日、第二艦隊は五月一一日、それぞれバン・フォン湾に入泊し、戦備をととのえたあと五月一四日朝、いよいよ対馬海峡に向かって進発した。

八隻の戦艦を中心に、運送船を含めて五〇隻からなる大艦隊、バルチック艦隊最後の出航であった。

ここでバルチック艦隊の編成を記しておこう。

司令長官・中将ロジェストウェンスキー
参謀長・大佐コロン
第一戦艦隊
司令長官直率（旗艦「スウォーロフ」）
戦艦「スウォーロフ」「アレクサンドル三世」「ボロジノ」「アリヨール」
第二戦艦隊
司令官・少将フェルケルザム（日本海海戦前に旗艦「オスラービア」で病没）
戦艦「オスラービア」「シソイ・ウェリーキー」「ナワリン」
装甲巡洋艦「ナヒーモフ」
第三戦艦隊
司令官・少将ネボガトフ（旗艦「ニコライ一世」）
戦艦「ニコライ一世」
装甲海防艦「アプラクシン」「セニャーウィン」「ウシャーコフ」
巡洋艦隊
司令官・少将エンクウィスト（旗艦「オレーグ」）
第一巡洋艦隊

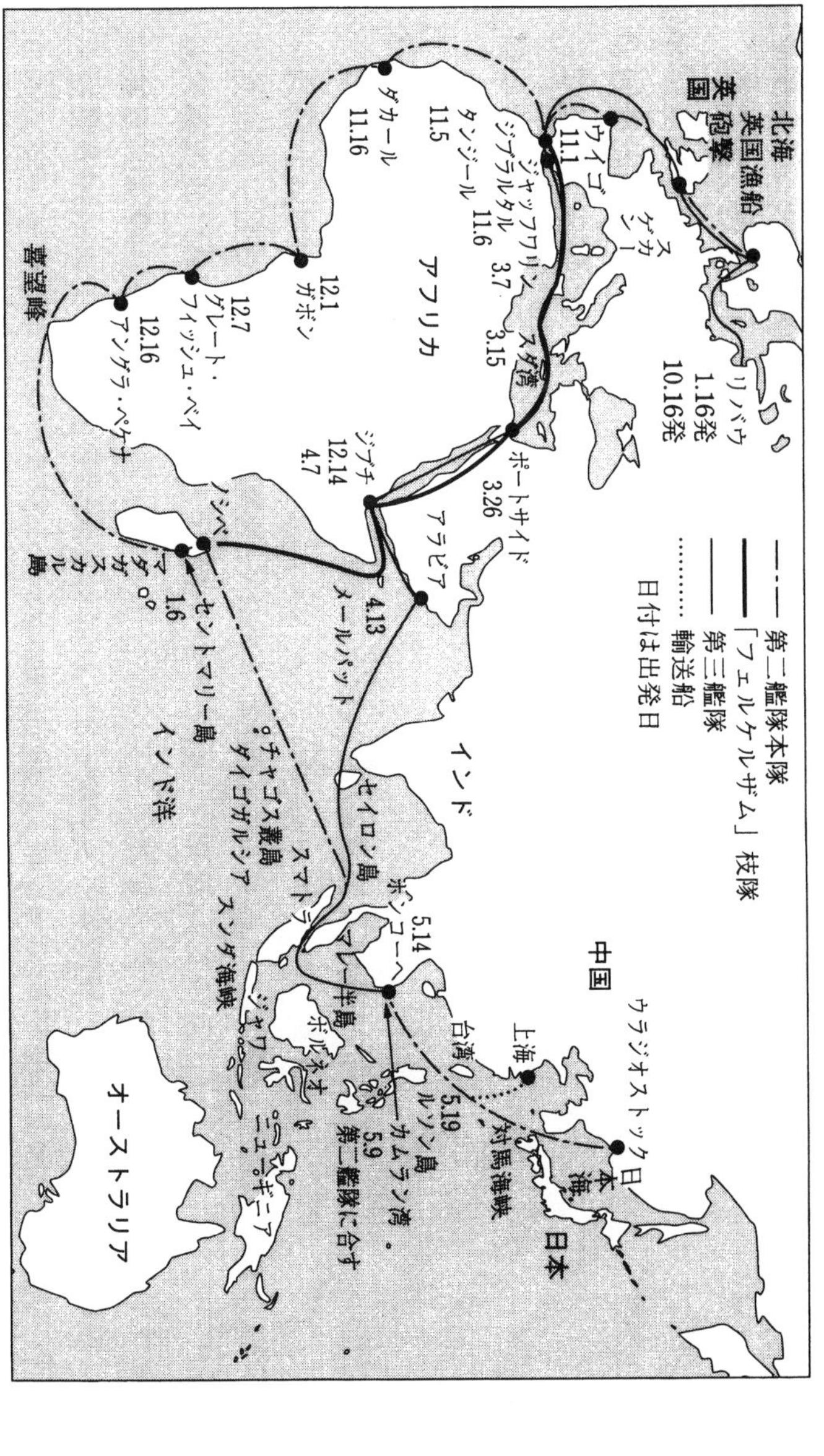
第二艦隊本隊
「フェルケルザム」枝隊
第三艦隊
輸送船
日付は出発日
北海
英国漁船
砲撃
英国
リバウ
10.16発
1.16発
ヴィゴー
11.1
スケーゲン
タンジール
11.5
ジブラルタル
11.6
ジャップフリン
3.7
ダカール
11.16
アフリカ
スダ湾
3.15
ガボン
12.1
グレート・フィッシュ・ベイ
12.7
アングラ・ペケナ
12.16
喜望峰
ポートサイド
3.26
ジブチ
12.14
4.7
アラビア
ノシベ
マダガスカル島
セントマリー島
1.6
メールバット
4.13
インド
セイロン島
インド洋
チャゴス諸島
ダイゴガルシア
スマトラ
スンダ海峡
ジャワ
ボルネオ
マレー半島
カムラン湾
5.14
ルソン島
5.9
第三艦隊に合す
台湾
上海
中国
ウラジオストック
日本海
対馬海峡
5.19
日本
ニューギニア
オーストラリア

バルチック艦隊航跡図

防衛巡洋艦「オレーグ」「アウローラ」
装甲巡洋艦「ドンスコイ」「モノマーフ」
第二巡洋艦隊
防護巡洋艦「スウェトラーナ」
巡洋艦「アルマーズ」「ジェムチウグ」「イズムルード」
駆逐隊（総駆逐隊は戦艦隊に付属している）
第一駆逐隊・駆逐艦四隻
第二駆逐隊・駆逐艦五隻
運送船隊
指揮官・大佐ラドロフ
仮装巡洋艦「ウラール」
工作船「カムチャツカ」
運送船五隻
病院船二隻

バルチック艦隊の遠征にともない、ロシア政府は東南アジアの諸港で軍需品を買い集めて輸送し、またこの方面のロシア官憲も活発に動いて情報漏れを防いでいた。

しかしバルチック艦隊遠征の情報を得ていた日本の大本営は、ロシアの動きを牽制するため、明治三七年一二月から翌年一月にかけて、まず仮装巡洋艦の香港丸と日本丸をシンガポール、スマトラ、ジャワ、ボルネオ方面に巡航させ、また巡洋艦「新高《にいたか》」を中国南部、台湾、フィリピン方面に派遣していた。これら各艦船は大部隊が行動しているように偽装するため、偽電をスマトラ島北端のサバンあてに発電したりした。

さらに二月から三月にかけては、中将・出羽重遠《でばしげひろ》が、巡洋艦「笠置《かさぎ》」「千歳《ちとせ》」、仮装巡洋艦アメリカ丸と八幡丸、給炭船彦山丸《ひこさん》を率いて、マカオ、海南島、バン・フォン湾、カムラン湾、シンガポール、ボルネオなどを巡航、偵察した。

当時まだ、太平洋の島々には見張りのための望楼はなく、無線設備もなかった。

日本艦隊のこれらの行動は、ロシア側を刺激して神経過敏にさせ、多くの誤った風評も流れて、バルチック艦隊の警戒態勢を不必要に厳重にさせるなど、日本側にきわめて有利に作用した。

バルチック艦隊の平均速力はきわめて遅くなった。旧式艦船や輸送船など速度の遅いものがまじる全艦隊が陣形を組んで航行し、夜間は安全のために速力を減じ、石炭補給のときにはほぼ一日中停止するからである。また長期の航海で船底には多量のフジツボなども付着して、速力をダウンさせていた。

逆にこのゆっくりとしたバルチック艦隊の速度が、その後日本の大本営、連合艦隊司令部に大きな疑念を抱かせることになった。

五月一四日にバン・フォン湾を出撃したバルチック艦隊は、翌日には戦闘に備えて艦砲射撃の訓練を行い、五月一九日にはルソン海峡を通過して太平洋に出た。

ついで五月二二日午後、沖縄本島と宮古島の間の南西諸島線を突破し、いよいよ東シナ海に入った。ロジェストウェンスキーは二二日午前のうちに、仮装巡洋艦二隻を艦隊から分離し、日本本土の東方洋上を航行するよう命じていた。もちろん、艦隊の対馬海峡通過を秘し、日本側を牽制するための陽動作戦である。

この企図は、当時の日本側の実情からすると、きわめて適切な処置であった。しかし、両艦の艦長には勇気が足りなかった。あまりにも日本本土から離れて航行したため、日本側にまったく発見されず、したがって陽動作戦の効果はまったくあげえなかった。日本海海戦にも参加しないまま、両艦はその後本国に帰っている。

バルチック艦隊はルソン海峡通過に先んじて五月一八日、洋上に停止して石炭補給を行ったが、南西諸島線を越えたあとの五月二三日、ふたたび洋上に停止して石炭を各艦それぞれに満載した。この石炭満載は極端なもので、ある艦のごときは通常積載量の二倍に達したという。このため、各艦の喫水線は大きく下がり、決戦当日の戦闘で、速力・射撃・応急処置などに多大な不利を及ぼすことになる。

なおかつロシア側にとって不幸だったのは、かねて病気だった「オスラービア」座乗の第二戦艦隊司令官フェルケルザムが、五月二三日、ついに死去したことである。この事実は、士気の低下を恐れて艦隊内でかたく秘された。そのため、戦艦三隻・巡洋艦一隻の第二戦艦隊は指揮官不在のまま戦場に向かうという、奇怪なことになってしまった。

ロジェストウェンスキーは五月二五日午前八時、上海の東方六〇カイリの地点で、石炭を運ぶ役目を終えた運送船六隻を仮装巡洋艦二隻に護衛させて、上海港外の呉淞（ウースン）に向かわせた。だが、これはロシア側にとって千慮の一失となった。

前述したように、このとき日本側はロシア艦隊の位置がまったく把握できず、連合艦隊司令部では津軽海峡方面に回ったと判断する者が多かった。二五日の時点で、対馬海峡を望む鎮海湾を捨てて、まさに津軽海峡西口に向かおうとの論議が白熱し、一部では回航準備を進めてさえいたのである。

輸送船が呉淞に寄港したということは、バルチック艦隊は太平洋には向かっておらず、東シナ海から対馬海峡を通過するつもりだとほぼ確実に判断できたのだ。

運送船が呉淞に到着したという情報がなければ、連合艦隊はほぼ確実に津軽海峡に向かっていただろう。ロジェストウェンスキーは、役目を終えた運送船を対馬海峡通過を完遂するまで洋上に留めておくべきであった。実戦経験に乏しい司令長官は、必要以上に東郷平八郎と日本海軍の影を意識しますぎていたとしか思えない。まさに致命的な失策であった。

バルチック艦隊の運送船が呉淞に向かった二五日という日付をよく覚えておいてほしい。後述するように、同じこの日、連合艦隊司令部内で起こった白熱の論議が、連合艦隊および日本の命運を決定づけたと言えるからである。

さて、運送船を離してやや身軽になったバルチック艦隊は、そのまま対馬海峡（東水道）をめざした。

日本の水雷艇の夜間襲撃を恐れて、日本沿岸を日中に航行しようということで、ロジェストウェンスキーは五月二七日正午の艦隊の位置を対馬海峡中央と定めた。

世界の海戦史上初めての、近代的大艦隊同士の海戦は刻一刻と近づきつつあった。

待ち受ける連合艦隊の動揺

以上のように、バルチック艦隊が出航してから東シナ海にたどり着き、対馬海峡に針路をとるまでの経緯は、先学の研究・著作にも示されている通りで、異説をはさみ込む余地はほとんどない。

しかし、ルソン海峡で臨検された三井物産の雇い船から情報が入った二三日午後四時から、その後バルチック艦隊の輸送船が呉淞に入港したという情報が届く二六日早朝までの連合艦隊司令部における意思決定の経緯は、実のところ巷間語られているものと大きく異なっている。

バルチック艦隊の動向をつかみきれないでいた連合艦隊は、二四日の時点で北進し、津軽海峡で待ち伏せする作戦を、ほぼ実行に移しかけていた。とくに二五日は大本営・連合艦隊司令部ともに極度な動揺をみせている。

その根拠となるのが、第一章で存在を明らかにした『極秘明治三十七八年海戦史』（以下、『極秘海戦史』と略する）の記述なのである。

ここから視点を再び連合艦隊に移し、日本海海戦にいたる経緯をたどってみよう。

旅順陥落後の日本の基本方針は、艦隊の整備を万全にして、そのほぼ全勢力を朝鮮半島南端、釜山《ふざん》（プサン）西方の鎮海湾に集結させ、敵のバルチック艦隊の行動を監視して、機に応じて敵を完全撃破することであった。完全でなければならないのは、ウラジオストックに逃げ込んだ敵艦船により再び日本のシーレーンは侵害され、大陸にある日本軍は補給難にさらされるからである。

対馬海峡を望む鎮海湾で、きたるべき海戦に備えて訓練に励み、日本海海戦に臨んだ連合艦隊の編成をここで示しておく必要があるだろう。

ちなみに日露戦争のときは太平洋戦争時と異なり、各戦隊に固有の司令官が発令されていたわけではなく、司令官はそれぞれの艦隊司令長官に付属し、ときに応じてその指揮権を委譲され、発動していた。

第一艦隊

司令長官（連合艦隊司令長官・旗艦「三笠」）大将・東郷平八郎
参謀長　少将・加藤友三郎
首席参謀　中佐・秋山真之
第一戦隊　司令官（旗艦「日進」）中将・三須宗太郎
戦艦「三笠」「敷島」「富士」「朝日」
一等巡洋艦「春日」「日進」
通報艦「竜田」
第三戦隊　司令官（第三戦隊を指揮・旗艦「笠置」）中将・出羽重遠
二等巡洋艦「笠置」「千歳」「音羽」「新高」
第一駆逐隊・駆逐艦五隻
第二駆逐隊・駆逐艦四隻
第三駆逐隊・駆逐艦四隻
第一四艇隊・水雷艇四隻
第二艦隊
司令長官（旗艦「出雲」）中将・上村彦之丞
参謀長　大佐・藤井較一

首席参謀　中佐・佐藤鉄太郎
第二戦隊　司令官（旗艦「磐手」）少将・島村速雄
一等巡洋艦「出雲」「吾妻」「常磐」「八雲」「浅間」「磐手」
通報艦「千早」
第四戦隊　司令官（第四戦隊を指揮・旗艦「浪速」）中将・瓜生外吉《うりゆうそときち》
二等巡洋艦「浪速」「高千穂」
三等巡洋艦「明石」「対馬」
第四駆逐隊・駆逐艦四隻
第五駆逐隊・駆逐艦四隻
第九艇隊・水雷艇四隻
第一九艇隊・水雷艇三隻
第三艦隊
司令長官（旗艦「厳島」）中将・片岡七郎
参謀長　大佐・斎藤孝至
第五戦隊　司令官（旗艦「橋立」）少将・武富邦鼎《くにかね》
二等巡洋艦「厳島」「鎮遠」「松島」「橋立」

通報艦「八重山」

第六戦隊　司令官（第六戦隊を指揮・旗艦「須磨」）少将・東郷正路

三等巡洋艦「須磨」「千代田」「秋津洲」「和泉」

第七戦隊　司令官（第七戦隊を指揮・旗艦「扶桑」）少将・山田彦八

二等戦艦「扶桑」

一等砲艦「高雄」「筑紫」

二等砲艦「鳥海」「摩耶」「宇治」

第一五艇隊・水雷艇四隻

第一〇艇隊・水雷艇四隻

第一一艇隊・水雷艇四隻

第二〇艇隊・水雷艇四隻

第一艇隊・水雷艇四隻

付属特務艦隊

司令官（旗艦・台中丸）少将・小倉鋲一郎

仮装巡洋艦・水雷母艦・仮装砲艦・工作船・病院船など二四隻

繰り返すようだが、日本にとってバルチック艦隊が宗谷・津軽・対馬のいずれの海峡を通るかは、作戦成功にとって決定的に重要な鍵であった。

しかし、それを判断するための情報はきわめて限られていた。わかっているのは、バルチック艦隊が五月一九日の時点で、ルソン海峡にあったということだけである。

三井物産合資会社の雇用する「オスカル二世号」（ノルウェー船籍）は五月一七日、マニラを出港して、長崎県島原半島の口ノ津港に向かっていた。

同船は五月一九日早朝、ルソン海峡でロシア艦隊に遭遇して臨検され、およそ三時間後に解放された。同船が口ノ津に到着したのは五月二三日。臨検の事実と臨検したロシアの士官が「台湾東方を経て対馬海峡に向かう」と述べたことが、ただちに報告された。

この情報はまず大本営に達し、同日中に鎮海湾の連合艦隊司令部に伝えられた。

五月二五日夜中までに日本側が敵艦隊について得られた情報は、バン・フォン湾からの抜錨《ばつびょう》とこの情報だけだった。

「オスカル二世号」からの情報は軍令部次長・伊集院《いじゅういん》五郎中将によって二三日午後四時、連合艦隊に発信された。ちなみに伊集院中将は日露戦争で使用された砲弾において画期的な性能を示し、日本海海戦でも多大な効果をあげた「伊集院信管」の発明者である。

伊集院の電文を念のために掲げておこう。

「五月十七日馬尼刺《マニラ》発　本日口ノ津ニ着セシ三井物産会社傭船Oscar Second船長ノ報告ニ依レバ去十九日午前五時三十分　バタン海峡東経百二十一度北緯二十度ノ地ニ於テ　軍艦二十一隻、仮装巡洋艦十四隻、水雷艇六隻ニ出会ヒ　検査ヲ受ケ三時間停船ノ後　進航ヲ許サレタリ
露国士官ノ話ニ依レバ　台湾東方ヲ経テ対馬海峡ニ向ケ出発スト謂ヘリト云フ」

臨検士官の言明は、もちろん信用できるものではない。わざわざ針路を教えたということは、連合艦隊を混乱させるはかりごとと考えることもできる。この見方は、連合艦隊内部でも、時間がたつにつれて真実性を増していく。

実際、二三日には敵発見の誤報により艦隊が出動する騒ぎがあった。

この日の早朝、哨戒《しようかい》のため五島列島沖に出ていた「佐渡丸」の檣上《しようじよう》見張り（マスト上部に登った見張り）が、霧のなかに数本のマストを突き出して進んでくる艦影を見て、「敵第二艦隊発見」と打電してきたのである。

連合艦隊は「来たか！」とばかりに出撃したのだが、まもなく味方部隊を誤認したことがわかり、艦隊は陣形運動の訓練をしてもどっている。

誤報騒ぎのあと、旗艦「三笠」だけが鎮海湾に入って陸上の仮設無線電信所の近くに停泊、ほかの艦船は湾口の加徳水道に仮泊した。「三笠」の行動が、軍令部からの情報をいちはやくつかむためであるのは言うまでもない。

第三艦隊は対馬の尾崎湾に入港していた。そして、案の定午後四時の伊集院中将からの電文を受け取ったのである。

この電報を受け取った後、連合艦隊司令部内で、「北方に艦隊を移動すべし」という北進論が急浮上したことは確実である。臨検の際に語ったというロシア士官の言葉は、あまりに安易であり、詐《さ》術《じゅつ》の臭いが強いとみるのも無理はなかった。

つまりバルチック艦隊が対馬、津軽、宗谷海峡のいずれを通るかは、この情報でも確認できなかった。そこで東郷司令長官は「臨検があった時間から推算し、相当の時期までバルチック艦隊が発見できなければ、敵が太平洋を回って津軽海峡に向かったと判断し、連合艦隊も津軽方面に移動する」と伊東祐亨軍令部長に電文を送ったということである。

従来の説によれば、東郷は、北進論をおさえて「ここで待とう」と鎮海湾を動かなかったことになっているが、実際には連合艦隊司令部は北進の準備を進めていたのである。

おそらく、この北進論をはじめに主張したのは、首席参謀の秋山真之だったろうと私は推測している。秋山は対馬海峡でバルチック艦隊を待ち受け、七段構えで攻撃し全滅させる構想を描いていた。バルチック艦隊がもし津軽海峡に向かえば、その作戦は成立しない。

旧海軍士官だった私の経験からして、五〇隻におよぶ大艦隊が編隊で航行するのは非常に困難なものである。一〇隻ぐらいまでなら問題ないが、二〇隻を超えてくるときわめてむずかしい。艦隊の航行速度はまず第一に、艦橋両舷に掲げる速力標（かご型）で示し、さらに第二に「スクリューの回転数」を赤（減少）青（増加）の小さい旗マークで五回転単位の指令が出される。しかし速度が変更された場合、すこしでも油断していれば、簡単に追突してしまう。

船舶の場合は、アクセルやブレーキがある車のようなわけにはいかない。回転数を上げても、すぐにスピードは上がらないし、逆に落としたからといって、減速するまでには時間がかかるものである。そのため、前をいく船のスクリューの回転数を観察しながら進んでいく。この技術は現在でも同じである。

したがって狭い海峡を通過するには、艦隊の各艦船がそれぞれにかなり高度な操船技術を有していないと、戦う前から自滅してしまう恐れが大きい。これは船乗りなら誰でも考える常識なのだ。

そうした視点からみて、もっとも北の宗谷海峡は、霧が深いうえに暗礁もあり、また狭い。しかも千島列島を通過せねばならず、距離からいってもウラジオストックへは、かなりの大回りを強いられる。まず、宗谷海峡ルートは否定するのが妥当なところだ。

では津軽海峡はどうか。

ここも対馬海峡にくらべて狭い。青森県下北半島の大間崎と函館の東、汐首岬《しおくび》の間が一〇カイリ（一カイリは一八五二メートル）。また、津軽半島の竜飛崎《たつぴ》と松前半島の白神岬《しらかみ》の間が同じく一〇カイリである。しかも、津軽海峡は日本海側から太平洋側への潮流が速く、太平洋側から進入すれば通過するのに少なくとも一〇時間はかかる。ヤマセと呼ばれる偏東風が吹き荒れ、霧やもやの発生も多い。

これに対して、対馬海峡は大艦隊でも十分な距離をおける幅をもち、しかもウラジオストックに最短距離で航行できる。長期間の航海で疲れきったバルチック艦隊の乗員の士気や石炭補給の困難さを考えれば、やはりこのコースしかないとだれもが考えるだろう。

だが、歴史は「ありえない」と思ったら失敗することを教えている。源義経が一谷《いちのたに》合戦で決行した「鵯越《ひよどりごえ》の逆落とし」や、織田信長が今川義元の首をとった桶狭間《おけはざま》の奇襲戦が示すとおり、バルチック艦隊が意表をついて津軽海峡を通過するという可能性もまったくぬぐいきることはできないのである。

たとえ司令長官のロジェストウェンスキーが実戦経験不足で、バルチック艦隊にさほどの航行技術はないといっても、長い距離を事故もなく航海してきたわけであり、この間、それなりの操船経験を積んできたと考えることもできる。

『極秘海戦史』が記録するように、東郷が「相当の時期まで敵が発見できないときは津軽に向かったと判断する」と打電したのは、ルソン海峡で「オスカル二世号」が臨検を受けた後、ロシア艦隊の行方が不明なまま、あまりに時間がたちすぎていたことが影響していた。

バルチック艦隊の航行速度が何ノットなのかは、日本側にとってミステリーではあったが、もし一〇ノット前後なら、すでに艦隊は日本沿岸を遠く離れて太平洋を北へ進んでいることになる。一定の日時をもって決断しなければ、連合艦隊の迎撃作戦は後手を踏んでしまいかねないのである。

津軽海峡か、対馬海峡か。可能性は五分五分であり、情報の少なさが東郷ら連合艦隊司令部の判断を困難にさせ、同時に苛立たせていた。

大本営の対応

日露戦争時における津軽海峡の警備計画は、大本営が直接に担当していた。

宣戦布告と同時に「函館湾防御海面」が定められ、バルチック艦隊の来航が近づいた四月一八日には海域を広げて「津軽海峡防御海面」が定められていた。

さらにバルチック艦隊が接近した五月一九日には津軽海峡防御司令部が設置され、宮岡直記（大湊水雷団長・大佐）が司令官となり、同海峡方面の警備艦艇を指揮することになった。このとき宮岡の指揮下にあったのは、仮装巡洋艦「香港丸」「日本丸」、警備艦「武蔵」「豊橋」「韓崎《からさき》丸」、それに第三、第四艇隊である。

警備艦「韓崎丸」は潜水艇母艦を兼ね、当時研究中だった「連係（繫）水雷」を実験しており、四月二七日から、この方面に配備されていた。

連係水雷とは、機雷四個をマニラ索《さく》でつないで敵の針路に浮遊させる海軍の秘密兵器で、日本海海戦時に使用されるはずだった。

「韓崎丸」の派遣は大本営の直接の指示によるもので、のちの『極秘・日露戦役参加者史談会記録』（以下、『史談会記録』と略）での軍令部参謀・財部《たからべ》彪《たけし》大佐の証言によれば、西から東に流れる津軽海峡の潮流を利用して、バルチック艦隊が通過する時に連係水雷を投下し、行動の速度を遅らせることを目標としていた。大本営がこの作戦にかなりの自信をもっていたのは確実で、この目的のために軍令部参謀が現地に出張している。

さらに時機が切迫した五月二二日、伊東祐亨軍令部長は海峡防御司令官に対し、「バルチック艦隊が五月二四から二五日ころには北進してくるものと覚悟して、所要の手段をとるように」と訓令して、二五日より尻屋《しりや》崎の北東から南東二〇カイリの哨戒《しょうかい》点に「豊橋」「香港丸」「日本丸」を配備させた。

大本営は、バルチック艦隊の針路を対馬海峡とほぼ判断していたが、国運を決める重大事だから、万が一を考えて津軽海峡の防御をも準備したのである。またバルチック艦隊が一部を切り離して別方向に向かわせる陽動作戦も考えられることから、それに対応するためでもあった。

大本営としては、もしバルチック艦隊主力が津軽海峡に向かってきたとしても、機雷を撒《ま》いてくい止め、その間に連合艦隊をウラジオストックの前面に展開させればよいし、さらに時間的に余裕があれば、津軽海峡の西で迎え撃てばよいと見込んでいた。ウラジオストックの機雷封鎖も、当然視野のうちにあっただろう。だがもし対馬海峡での迎撃に失敗すれば、バルチック艦隊はやすやすとウラジオストック入港を果たしてしまう。大本営は津軽海峡防御の準備はできているから、連合艦隊にはあくまでも鎮海湾で待機してもらいたいと願っていたのである。

しかし信じられないことだが、これら大本営の直接処置は大本営の多忙さからか、連合艦隊司令部には通知されていなかった。

五月二四日、連合艦隊から大本営に入電した「相当の時期まで敵が発見できないときは津軽に向かったと判断する」という連絡は、大本営と連合艦隊の見解の相違を物語っている。『史談会記録』での財部の証言では、大本営と連合艦隊司令部の間にみられる見解の相違は、このような連絡不十分から起きたものだとされている。

こうして、五月二四日から二五日にかけて、「北進するか留まるか」をめぐり連合艦隊に一連の動揺が起きるのだが、その鍵となったのが第一章で述べた「密封命令」の存在である。

第四章　「三笠」での軍議　五月二四〜二五日

「北進第一電」と大本営の困惑

明治三八年（一九〇五）五月一四日にバン・フォン湾を出撃した後、連合艦隊司令部の「密封命令」が発出されるまでの間に、バルチック艦隊に関して日本側が入手できた最後の確実な情報は、前述したように五月一九日にルソン海峡で同艦隊から臨検された三井物産の雇い船からのものであった。同船は軍艦二一隻、仮装巡洋艦一四隻、水雷艇六隻と洋上で出食わし、三時間にわたる検査をうけたあと進航を許されたのだが、その時、船長がロシア人士官から聞いた話によれば、艦隊は「台湾東方を経て対馬海峡に向け出発す」と言っていたというのである。

この情報が軍令部から連合艦隊司令部に伝わった後、司令部内で具体的に北方への艦隊移動論が浮上したことは確実で、『極秘海戦史』は次のように記す。

然《しか》レドモ彼ハ対馬、津軽、宗谷何《いず》レノ海峡ヲ通過スベキヤハ固《もと》ヨリ確知スル能《あた》ハズ。故ニ東郷聯合艦隊司令長官ハ、経過ノ時日ヨリ推算シ、相当ノ時期マデ敵ヲ見ザルトキハ、北海方面ニ迂回シタルモノト判断シ、聯合艦隊モ亦《また》津軽方面ニ航シテ彼ヲ邀撃《ようげき》セントシ、其ノ意ヲ伊東軍令部長ニ打電シ……

ここで重要なのは、連合艦隊司令部が「相当の時期まで敵を発見できない場合は、北海方面に迂回したものと判断して、連合艦隊を津軽方面に移動させる」という意思を持って「其ノ意ヲ伊東軍令部長ニ打電」したという事実である。

艦隊の北方移動を表明した「北進第一電」が連合艦隊司令部から大本営に届いたのは、二四日午後二時一五分だった。その電文要旨を『極秘海戦史』から引いてみよう。

相当ノ時期マデ当方面ニ敵艦隊ヲ見ザレバ、敵ハ北海方面ニ迂回シタルモノト推断シ、聯合艦隊ハ十二海里以上ノ速力ヲ以テ大島（渡島）ニ移動セントス

この「北進第一電」が入ったとき、大本営の一致した見解は、「連合艦隊は対馬海峡に留まるべきである」というものだった。

その理由は、昭和一〇年（一九三五）六月二五、二八、二九日の三日間にわたって東京水交社で開催された海軍有終会による史談会の証言をまとめた『史談会記録』にある通りで、

一、バルチック艦隊はまだ南方にあると考える

二、敵が北上した場合の準備はできている

三、敵が対馬海峡を無事に通過することは日本海軍の権威に関わる

という点にある。

大本営は連合艦隊司令部に宛てて「対馬に留まるように」と返電を打つことにした。財部彪軍令部参謀の証言を読むかぎり、明言はしていないが、この返電文案を起案したのは財部本人だと思われる。小笠原長生の証言では、財部と小笠原だという。

返電の原案は、連合艦隊司令部に厳しく命令を発するものだったようだ。このことは、小笠原が「軽々しく動くべきでない、という意味だった」と述べていることや、第二艦隊首席参謀だった佐藤鉄太郎中佐が、

大本営ニテハ聯合艦隊北方移動ノ報告ニ接シ、之ニ反対シテ「其ノ地ニ止レ」トノ大本営命令ヲ発セントノ議定マリ……。（「嶋田繁太郎備忘録」）

と述べていることでも知られる。

大本営命令という厳しい原案になった動機は、財部が「中央においても責任を分担せねばならない。みずからも責を負うことにしよう」と考えていたと証言していることから、関係者の善意によったものの、と筆者はみている。

この原案は、二四日中に軍令部の伊東祐亨部長・伊集院五郎次長の承認が得られたが、山本権兵衛海軍大臣の承認がついに得られなかった。

山本海相の主張は、「この原案のままでは艦隊司令長官・東郷の〝頭を乱す〟おそれがある。すべての作戦は司令長官の責任で行われるべきである」というものだった。

東郷を連合艦隊司令長官に推挙したのが、ほかならぬ山本海相だったのは前述した通りである。東郷の経験と実力、そしてその幸運に山本海相は賭けたのである。「すべて司令長官の責任で」という言葉の背後には、東郷を起用した自らの覚悟と確信があった。

山本海相の承認が得られなかったため、翌二五日になって、再度関係者が協議し、原案の表現をやや緩和することになった。伊東から東郷にあてて返電が発信されたのは二五日午後一時四〇分だった。『極秘海戦史』には、その趣旨が次のようにみえる。

敵ヲシテ万一我ガ虚ニ乗ジ、朝鮮海峡ノ通過ヲ遂ゲシムルコトアラン歟《か》、即チ有形、無形共ニ我ガ被ルベキ不利ハ益々《ますます》甚《はなは》ダ大ナルモノアルベキハ言ヲ俟《ま》タズ、依《よ》テ今後我ガ艦隊ノ主力ヲ現位置ヨリ移動セラルルコトニ就テハ、特ニ慎重考慮セラレンコトヲ希望ス

「ともかく艦隊の移動については慎重に考慮してくれ」と、願うような文面である。しかしこの返電は、二五日午後三時三七分に着信した連合艦隊司令部からの「北進第二電」と行き違いになった。

明日正午迄当方面ニ敵影ヲ見ザレバ、当隊ハ明夕刻ヨリ北海方面ニ移動ス、其ノ主隊（戦隊及ビ駆逐隊）ノ航路ハ、南兄弟島ヨリ七八〇地点（隠岐ノ北方二十五海里）ヲ経テ大島（渡島）ニ直進ス、速力十二節、又竜田、千早、八重山ハ通信艦トシテ隠岐ノ南方ヨリ、皆月、弾埼、入道埼、艫作埼望楼ノ五海里以内ヲ経過シ、通信連絡ヲ保チ、速力十四節ニテ主隊ヨリ三時間先キニ出発

セシム、又水雷母艦及ヒ各水雷艇隊、仮装巡洋艦四隻、水雷沈置艦船及ヒ給炭船三隻、給水船一隻ハ、各通信艦ノ航路ニ準シ北航セシム、其ノ到達地ハ、陸奥国権現崎ノ南方碇泊地トシ、天候ニ因リ函館港ニ入ラシム、当方面ニハ第七戦隊、水雷艇隊四隊、仮装巡洋艦二隻、二、三等仮装砲艦及ヒ特務艦隊ノ残部ヲ留メ置ク、当地出発ノ時刻ハ追テ電報ス

明日、つまり二六日の正午までにバルチック艦隊が発見できなければ、連合艦隊司令部は北方への移動を決断するとし、航路や速度など非常に具体的な行動予定を伝えるこの「北進第二電」を見た大本営は、水雷母艦・水雷艇隊のいくつかがすでに発進したと誤解してしまった。

そのため、いよいよ「中央の者も責任を分担する」のがよいということで、日本海沿岸の望楼に、水雷艇隊や仮装巡洋艦が北航するのを認めたときには「鎮海湾に帰れ」と伝達するよう、電報発進の命令が出されたという。

この電報発信については『史談会記録』で財部が証言しているのだが、事実がどうであったか確認はできていない。いずれにせよ、大本営と連合艦隊司令部は連絡不十分が原因で、作戦の意思統一がなされていなかったことになる。

密封命令の謎

それでは、大本営から発信された「艦隊ノ主力ヲ現位置ヨリ移動セラルルコトニ就テハ、特ニ慎重考慮セラレンコトヲ希望ス」との返電は、連合艦隊の動向に影響しなかったのだろうか。じつはのち

の証言によれば東郷は、この返電を知らなかった。しかも不思議なことに「北進第一電・第二電」の発信についても否定している。

では、「北進第一電・第二電」はなにゆえ、だれによって発信されたのか。

この電文を見るかぎり、連合艦隊司令部は、バルチック艦隊の通過コースについて「もはや対馬海峡はありえず、津軽海峡にちがいない」と考えていたことになる。東郷が「敵は対馬海峡を通る」と確信し、泰然自若として情報を待っていたとする通説とは情況が異なっている。

この謎に関わるのが、本書の核心の一つ「密封命令」である。

北進第一電が大本営に送られた五月二四日、鎮海湾および加徳水道に停泊している連合艦隊の各戦隊司令部に封筒に入った命令書が配られた。

この種の「密封命令」は、伝令では漏れるおそれがあるとき、秘密保持を目的に配布するもので、旗艦からの信号や特定の時間がきたら開封して中身の命令を実行に移す手順になっている。しかし、厳重に糊付けされているわけではないから、宛名の当事者が事前に内容を読むことは不可能ではなかった。

北進第一電が打電される前に発給されたと思われる密封命令の内容は、第一章で記した通りである。

この密封命令の内容は、長い間おおやけにされることはなかった。

前述のように海軍軍令部は、明治末期から昭和一〇年にかけて、日露戦争に関する戦史を三度にわたって公刊している。その基礎となったのが、すでに書いたように一五〇巻におよぶ『極秘明治三十七八年海戦史』だったが、それら三つの戦史記録のすべてが、日本海海戦直前に連合艦隊司令部が艦隊主力を北方に移動させようとしていたことにはまったく触れず、したがって「密封命令」について一語も費やされていない。

太平洋戦争前に刊行された日本海海戦に関する書籍・資料の数は、まことにおびただしいものであったが、公刊戦史以外も含めて密封命令に触れているのは、筆者が調査したかぎりでは水野広徳《ひろのり》の『此一戦《このいっせん》』のみである。

日露戦争時、第四一水雷艇長だった水野は、戦後、軍令部による戦史の編纂にたずさわったが、それとは別に個人の資格（少佐）で明治四四年三月に『此一戦』を発表した。

水野はそのなかで、

「万一の急に応ずるため、或重要なる密封命令は、各艦艇に交付せられ、警信一下すれば全艦隊直に北海に転進するの準備を整えた」

と、述べている。

「各艦艇」とあるのは「各戦隊司令部」であり、「全艦隊」というのは「連合艦隊主力」とするのが事実としては正しいわけだが、本書は大正二年一一月までに九六版を重ねたこともあって、密封命令が存在したことだけは世間に知れることになる。

司馬遼太郎もそれは知っていたと思われる。『坂の上の雲』には、密封命令に関して次のようなくだりがある。

さらに石田艦長は、自分に渡されている密封命令のことをおもった。この命令形式は海軍のしきたりで、秘密の漏洩をふせぐために出港直前に艦長にわたされる。出港後、指令をまって艦長がひらくのである。

「もし敵艦隊が来たらざる場合は、津軽海峡の所定の場所へゆけ」

という要旨の当時の命令が書かれていた。連合艦隊司令部をずっと支配しつづけていた重くるしい不安が、この命令にもよくあらわれていた。予期どおりにこの方面に敵がもし来なければ敵は太平洋まわりをとったものとみて、予想戦場をいそぎ変更し、津軽海峡の西出口で待ちぶせようというのである。しかしこの密封命令は幸いにも無効になった。(『坂の上の雲』「敵艦見ゆ」)

石田艦長とは、信濃丸から「敵艦隊見ゆ」の情報が入ったあと、二七日午前六時四五分にバルチック艦隊と接触してつぎつぎに敵の動静を報じた巡洋艦「和泉」の艦長・石田一郎大佐のことである。ここでは密封命令の存在は指摘されているが、その詳しい内容については言及されていない。それも無理からぬことである。司馬遼太郎は密封命令があったことは知っていたが、明治天皇に献上され、太平洋戦争後三十数年をすぎて防衛庁へ引き渡された一五〇巻の『極秘海戦史』の存在は知らず、したがって読めるはずもなかった。

『坂の上の雲』が「サンケイ新聞」に連載されたのは、昭和四三年（一九六八）から四七年にかけてで、単行本の初版刊行が同四七年である。

前述のように私が『極秘海戦史』の存在を確認し、密封命令の内容を『軍事史学』に発表したのは昭和五七年だった。そのときまで、日本海海戦における連合艦隊の移動についての研究は、秘密にされていた戦前の域を出ず、権威ある書籍でも、わずかに言及されているにすぎなかった。つまり昭和五七年（一九八二）までは、密封命令を含む研究は皆無だったのである。

司馬遼太郎は私が防衛大学校で教鞭をとっているころ、取材に訪れたことがあるし、私自身、司馬作品を教材に使ったことがある。だが日本海海戦を前にした連合艦隊に、このように具体的な密封命令が下っていたことは、彼自身想像もしないことだっただろう。

密封命令は開封されるはずだった

前掲した密封命令の内容を検討すればわかるように、対馬にいた第三艦隊（司令長官・中将片岡七郎）、特務艦隊（司令官・少将小倉鋲一郎）にはすでに訓令が出ている。

密封命令の付図によると、北航予定の主隊は鎮海湾近くの加徳水道を出たあと、隠岐諸島の北方を通ってまっすぐに大島へ進み、約五〇時間で到着する。

大島は北海道渡島《おしま》半島の西方、奥尻島の南方に位置する孤島である。海上にそそりたつ断崖に囲まれ、錨地はないが海上では絶好の航海目標になる。通信艦や各水雷艇隊などの航路は、加徳水道を出たあと隠岐諸島の南方を通り、沿岸航路をとるわけである。

密封命令に付属するもうひとつの付図によると、津軽半島西端、権現崎南方の艦隊錨地では、南北に長く二列となり、艦隊旗艦は陸地からみて外側の、戦隊旗艦は内側の列に位置することになっていた。

平泉における藤原氏三代の政権が繁栄と高度な文化を築いたのは、津軽十三湖を基地とする安東《あんどう》氏の日本海貿易に支えられるところが大きかったと言われるが、密封命令で計画されていた錨地は、この十三湖北方に位置する海岸である。

二四日の「北進第一電」の内容は密封命令とほぼ同じであり、おそらく同じ人間が書いたものと思われる。私は以前、密封命令が出たのは二五日だと書いたことがある（『太平洋戦争と日本軍部』山川出版社・一九八三年）が、いまは考えを改めている。つまり、まず密封命令が配布され、軍令部へ報告するために「北進第一電」が発せられたとみるのが妥当であり、とすれば密封命令は二四日の発行とみるべきであろう。

また北進を指示する密封命令は、第二、第三艦隊司令部と各戦隊司令部に配られ、司令官には届けられたが各艦長にまではいっていない。したがってその数は一〇通程度だったと思われる。というのも、当時はコピー機などないから、複製を作るのがかなりやっかいだったからである。だから、第六戦隊の三等巡洋艦「和泉」の石田艦長が司馬遼太郎の書くように密封命令を懐に忍ばせていた可能性

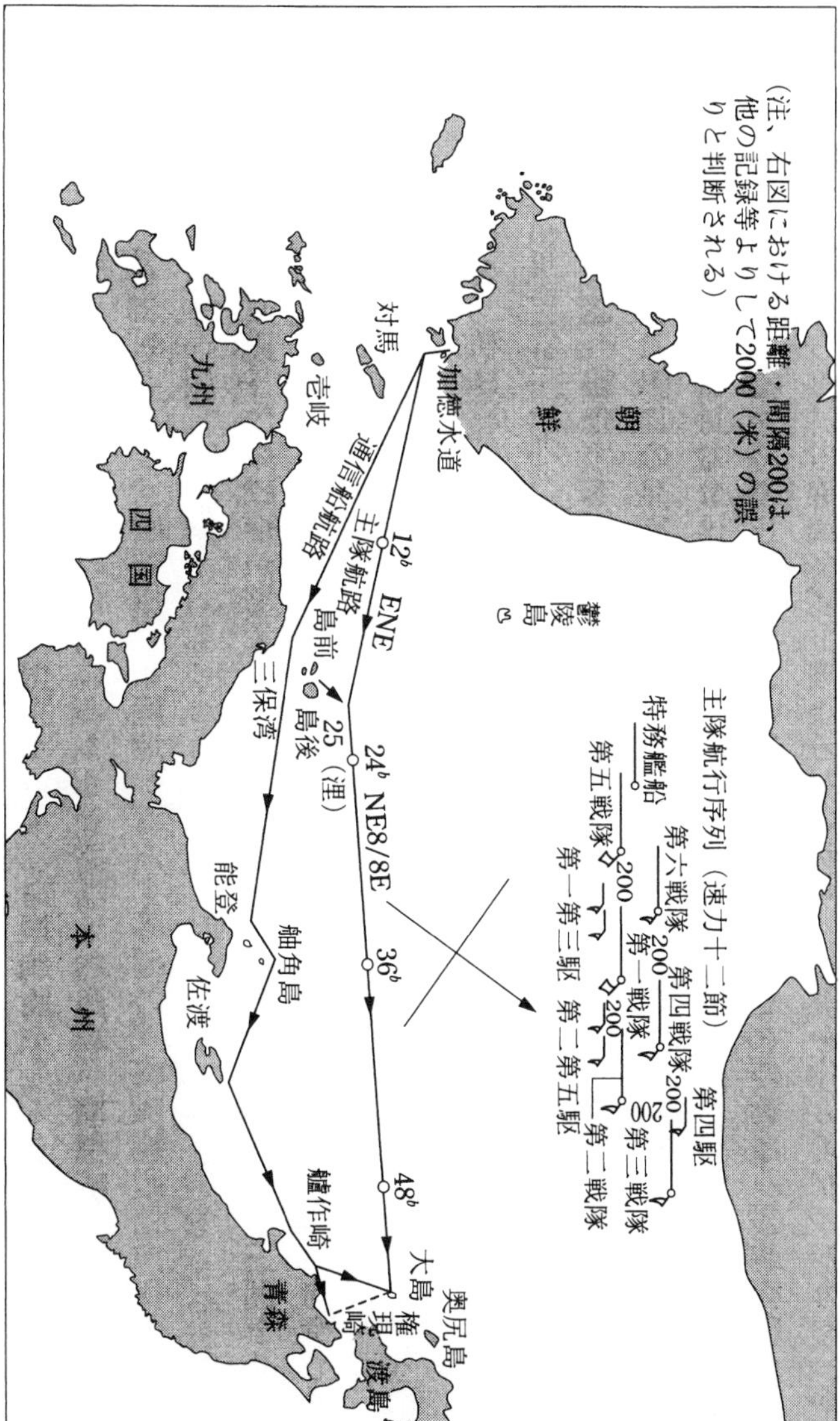

第一、第二艦隊予定航路図（明治38年5月25日　東郷連合艦隊司令長官の麾下に与えた密封命令の付図）

はかなり低い。

こうして運命の日ともいうべき五月二五日を迎え、「三笠」艦上において、海戦の帰趨を決する軍議が開かれるわけだが、その前に密封命令の末尾にある「本令は開披の日を以て其の発令日付とし出発時刻は更に信号命令す」との一文について触れておこう。

戦史研究家の半藤一利氏は、「二五日午後三時」に開封する予定だった（『プレジデント』一九九七年三月号）とし、東郷神社宮司で戦史研究家でもある筑土龍男氏は「二六日午後三時」（『東郷』一九八六年六月号）としているが、はたして「午後三時」とまで、はっきり指定されていたかどうかは疑問と言わざるをえない。

この時間の根拠は、大正一四年（一九二五）六月、晩年にさしかかった第二艦隊の藤井較一《こういち》元参謀長が、かつての部下である松村龍雄中将（海戦当時は三笠副長・中佐）に語った証言（藤井定市編『海軍逸話集』第二輯）にある。

藤井は「二五日午後三時開封だけはとりやめて、二、三日この場所（鎮海湾）において自重し、その後に決せられてしかるべき」と、軍議で主張したというのだが、最晩年でもあり、記憶が多少混乱していたと考えられる。

というのは、二五日午後三時開封だとすると「三笠」での軍議は時間的に余裕がなさすぎるのである。しかも密封命令は、開封されれば即実行に移される性格のものであるのに「出発時刻ハ更ニ信号命令ス」とあることからみても、「午後三時」という時刻の指定はなかったとみたほうがよい。

しかし「北進第一電」が大本営に送られた二四日午後二時一五分の時点で、各戦隊は北方移動への準備を進めていたことはまちがいないことであり、第一電の送信前に配布された密封命令は、その性格から、時刻は未定なるも配布翌日の二五日のうちに開封、即命令実行の手筈になっていたと考えられる。このことは、その後の連合艦隊内部の混乱をみれば明らかである。

密封命令および「北進第一電・第二電」を書いたのはだれか、という点については不明としか言いようがない。ただ、艦隊の北方移動についての詳細な指示をみれば、司令部の中枢にある人間、つまり首席参謀・秋山真之である可能性がきわめて高い。少なくとも参謀の一人が書いたものに、あとで秋山が手を入れたことだけはまちがいない。

これは例の有名な電文「天気晴朗ナレドモ波高シ」のケースに照らし合わせれば納得がいくだろう。ともあれ、たしかにバルチック艦隊がルソン海峡にあったという五月一九日の最後の確実な情報から五日間が過ぎた五月二四日の段階でいまだ情報がないということと、敵の平均航海速力からみると、敵艦隊はすでに太平洋に向かったと考えるのはきわめて論理的である。

参謀の条件として第一に必要なことは、指揮艦の頭脳を補佐することである。すなわち参謀の役割は、指揮官の計画や決心に必要な多くの情報資料を整備して適切な助言をすることであり、指揮官の計画や決心が固まれば、それを実行に移す事務を的確に処理することである。もちろん参謀に指揮権はない。また参謀は、指揮官を補佐して命令を出しっぱなしにするだけではいけない。

第二に必要な条件は、指揮官の計画や決心が部隊の末端まで伝達されて徹底しているかを確かめ、確実に実行されるようにしなければならないことだ。

連合艦隊司令部の作戦参謀は、論理的分析からバルチック艦隊が太平洋を回って津軽海峡に向かったと考え、参謀長の加藤友三郎少将に報告のうえ、北進を指揮官である東郷に上申した。そして東郷に密封命令の決裁を仰ぎ、二四日に「北進第一電」で大本営に報告し、各艦隊の司令官・参謀らに密かに通達したものと思われる。

「三笠」での軍議

連合艦隊司令部は、北方移動の方針をほぼ固めていた。このことについては、第二艦隊首席参謀・佐藤鉄太郎が「嶋田繁太郎備忘録」（大正一三年六月一〇日）のなかで、

日本海海戦前ニ敵バ（バルチック）艦隊ノ消息不明ニ対シ、連合艦隊司令部ハ津軽海峡通過ヲモ顧慮シ、北方ニ移動スルノ考ヲ定メタリ

と断言しているように、事実と考えられる。

ではなぜ、密封命令の開封が見送られ、「北進第二電」にあるように「明日（二六日）正午」まで待つことになったのか。

バルチック艦隊が、まだ東シナ海にあることを幸運にも発見できたのは二六日午前零時〇五分であ

り、連合艦隊に伝わったのは二六日早朝である。もし二五日の早い時間に二六日正午まで待つという判断が下されなければ、連合艦隊は北方に向かって発進し、この間バルチック艦隊は悠々と対馬海峡を通過してゆき、歴史の歯車は逆に回転していたにちがいない。

密封命令の開封・実行を遅らせるという、この決定的な場面において、首席参謀・秋山真之よりも、あるいは東郷平八郎よりも重要な役割を果たしたのが、第二艦隊参謀長・藤井較一大佐であり、第二戦隊司令官・島村速雄《はやお》少将だった。

その事実を『極秘海戦史』は、はっきりと書き記している。

五月二五日、旗艦「三笠」艦上での軍議が、命運を分ける舞台となった。

連合艦隊主力では二日前の二三日、先に書いたように敵発見の誤報により出港する騒ぎがあったが、その日午後には第一艦隊、第二艦隊主力は鎮海湾外の加徳水道に、第三艦隊主力は対馬の尾崎湾に入港していた。

二五日になると東郷は「三笠」一艦のみを率いて鎮海湾に入っている。これは陸上の通信施設近くに移動して指令伝達の迅速を期するためだった。

二五日午前、東郷は鎮海湾奥に停泊していた旗艦「三笠」に、第二艦隊司令長官・上村彦之丞はじめ各司令官、参謀を招集して「軍議」を開いた。

軍議と言ってはいささか大げさかもしれない。連合艦隊参謀・飯田久恒少佐や第二艦隊参謀・森山慶三郎中佐の証言によると、連合艦隊兼第一艦隊参謀長・加藤友三郎が司令長官、参謀長、各司令官、首席参謀を集め、意見を求めつつ軽く話し合うという程度であったと認められる。「軍議」の招集に応じて、第二艦隊の司令部からは上村彦之丞と参謀長の藤井較一らが旗艦「出雲」から「三笠」におもむいた。

これよりさき藤井は、密封命令が届いた時に首席参謀の佐藤鉄太郎を自室に呼んで意見を求めている。佐藤は当時の海軍において、秋山真之とならぶ戦略家とみられていた。

藤井の問いに対して佐藤は、「対馬・津軽両海峡のどちらにきても、敵艦隊のウラジオストック入港までに交戦できるようにするため、隠岐諸島の島前に移るのがよいと思います」と意見を述べた。たしかに隠岐ならばバルチック艦隊が対馬海峡に現れても急行しても迎撃するのは可能だし、津軽海峡へ回ったとしても間に合う距離である。しかし対馬海峡通過を確信する藤井は、北進論にあくまで反対する心づもりであった。

藤井が核心となる北方移動の日時を詰問すると、佐藤は「いますぐではなく二六日ころまでに情報がなければ隠岐諸島に移動するのがよいでしょう」と答えた。こうして二人のあいだで意見がかわされ、「第二艦隊の意見として北方に移らぬほうを主張する」ことに合意し、藤井は参謀・下村延太郎少佐をともなって、司令長官・上村彦之丞とともに「三笠」へおもむいたのであった。これらの史実は『史談会記録』における佐藤の証言によるものである。

藤井らを乗せた艦載水雷艇は波飛沫《なみしぶき》をあげながら、「三笠」へと進んでいった。

「上村長官、軍議では北進説が出るかもしれませんが、ぜひ保留してください」

藤井はエンジン音と風雨に負けない声で、上村に進言した。

佐藤鉄太郎との意見交換で、第二艦隊の総意を「北進留保」に定めた藤井ではあったが、司令長官の胸のうちは、まだ把握していなかった。

孤軍奮闘する藤井較一

軍議は、連合艦隊参謀長・加藤友三郎の進行ではじまった。議事録が残っているわけではないので、細部を再現するのは不可能だが、おそらくは以下のような展開であったと思われる。

すでに席上の空気が津軽海峡説に傾いているなか、加藤は「第二艦隊司令長官はどうお考えか」と上村に意見を求めた。その問いに上村は、「いまに至るまで敵艦隊の姿がみえないということは、太平洋を迂回途上と判断し、北進するのがよろしかろうと思う」と、移動に賛成する発言をした。

驚いた藤井は立ち上がって、自らが信ずる意見を述べる。

「敵艦隊がいまだ出現しないからといって、単に太平洋へ迂回したと解釈するのは根拠不確実であるのみならず、まったくの想像にすぎません。回航しなくとも、漂泊その他の手段によって時日を引き延ばす方法はいくらでもあります」

実際、バルチック艦隊は前述したように途中で石炭補給や艦砲射撃訓練をするなどして、大きく速力を減じていた。

「また、敵艦隊が台湾付近で中立国の船舶に出会わないはずがないのに、これらの船舶から目撃の通信がないのは、すでに日本の南方洋上を迂回しているからだとする説もありますが、責任あるわが仮装巡洋艦をその海域に配備してあるのに報告がないというのならともかく、無責任の中立国船舶を根拠にして敵が津軽海峡へ向かっているると断ずるのは、すこぶる危険です。要するに、根拠不十分な理由をもって、最重要なる艦隊の針路を決定するのは、小官には断然同意できません」

藤井は熱弁をふるった。しかし冷静沈着で知られる加藤友三郎は表情を変えない。

藤井は安政五年（一八五八）生まれで、文久元年（一八六一）生まれの加藤より三歳年長ではあったが、同じ海兵七期である。軍令部局員のあとイタリア公使館に勤務し、日清戦争勃発で帰朝、以後、「武蔵」副長、「秋津洲」艦長、「吾妻」艦長を経て明治三八年（一九〇五）一月に第二艦隊参謀長に就任した。

加藤は安芸広島の出身で日清戦争のとき「吉野」の砲術長として従軍し、その後、明治三一年の「筑紫」艦長をはさんで主に軍政畑を歴任した。同三五年に常備艦隊参謀長、同三六年に第二艦隊参謀長を務め、蔚山沖海戦で上村彦之丞を補佐し、同三八年一月に島村速雄のあとをうけて連合艦隊兼第一艦隊参謀長に就任している。のちに大隈重信内閣の海軍大臣、ワシントン軍縮条約首席全権、さらには総理大臣をも務めた加藤ではあったが、藤井にくらべると海上の経験はやや少ない。

この軍議には、連合艦隊の首席参謀として作戦を主導する立場にある秋山真之も当然出席していただろう。しかし、残念ながらその言動を知る資料は伝わっていない。おそらく北進説を言いだしたのは秋山と考えられるから、すぐにでも出港の準備に移りたいと考えていたにちがいない。

加藤も秋山も、「五月一九日のルソン海峡における敵に関する最後の確実な情報と、敵の平均航海速力から、五月二四、二五日ころには対馬海峡に到達して然るべし」と、その明晰な頭脳から論理的に考えていた。

しかし慎重派でリベラリストの加藤は、第二艦隊に北進反対の空気があることを察知して、このまま意思不統一のまま実戦に突入すれば不都合が生じかねないと考え、東郷の許可を得て軍議を招集したものと考えられる。軍議を開き、思うところを述べあって部隊の末端まで司令部の方針を浸透させる必要があった。しかし、出席者のなかで北進に反対しているのは藤井のみである。いまや藤井一人の意見に耳を貸す時間的ゆとりはない、と出席者の多くが思いはじめていた。

藤井はそれでもなお孤軍奮闘して、熱心に移動反対を説いた。しかし軍議の流れは、ほぼ北進説に決しつつあった。

この間、連合艦隊司令長官・東郷平八郎は、この軍議に出席していたのだろうか。

前掲の松村龍雄取材による藤井の談話（藤井定市編『海軍逸話集』第二輯）には、東郷が司会を務めて整然と会議が進行したように表現されている。しかし『史談会記録』などの各資料を検討すると、東郷は席上にいなかった可能性が大きい。

ただし、第二艦隊司令長官・上村彦之丞が出席しているわけだから、まったく顔を出さなかったということもありえず、軍議の開始時には席上にあり、例によってじっと沈黙しながら諸官の意見に耳を傾け、ある程度の時間を経て大勢を把握すると自室にもどったとも考えられる。

島村速雄の到着

第二艦隊作戦参謀・佐藤鉄太郎の談話を収録した「嶋田繁太郎備忘録」によれば、藤井較一は軍議の席上で北進反対を主張したものの、「反対意見ヲ具シタルモ顧《かえりみら》レズ」というように、大勢を占める北進論者からは、軽くあしらわれたようである。藤井は孤立無援の状態だった。

このまま多数の意見が通り、藤井の主張が無視されたままで密封命令が発効すれば、東郷艦隊は北進にうつり、バルチック艦隊はこの間悠々と対馬海峡を通過し、情報を得た連合艦隊が全速力でこれを捕捉しようとしても、敵艦隊の相当数がウラジオストックに入港するのは避けられなかったと考えられる。

ところが、そこにもう一人重要な人物が遅れて到着した。第二戦隊司令官・島村速雄少将である。ちなみに島村もまた海兵第七期だった。ハンモックナンバー（席次）は島村がトップで加藤が二番だったと言われている。明治二一年（一八八八）から同二四年にかけてイギリスに留学、二六年には常備艦隊参謀、日清戦争では「松島」艦上で戦傷を負い、以後「須磨」艦長、常備艦隊参謀長（そのまま連合艦隊参謀長）などを経て、バルチック艦隊来航を前にしたこの年一月に第二艦隊司令官に就任していた。

連合艦隊参謀長のとき、大本営に転任する有馬良橘《りようきつ》中佐からの後任推薦を受けて秋山真之の首席参謀への登用に一役かっている。

島村が乗艦していた第二戦隊旗艦「磐手」は、鎮海湾奥に停泊している「三笠」からはもっとも遠い位置にあり、軍議招集の連絡を受けて急行したものの、軍議開始の時間には間に合わなかった。当日は天気が悪く、また動力付きの短艇が故障して手漕ぎのカッターに乗り換えたことで遅参したという説もあり、うなずけなくもないが、軍議招集が急だったために、一番遠くにいた島村が最後に到着したとみるのが自然だと思われる。

島村が軍議でどのような発言をしたかは明らかでない。しかし島村もまた、藤井と同じく北進には反対だった。

いささか大胆に推測すれば、以下のようなやりとりもあったかもしれない。

「皆の意見は、北方移動でほぼ固まっている。貴様の意見はどうか」

軍議の経過を加藤から聞いた島村は、ひとり藤井較一が眼を光らせて自分を見つめているのに気づいた。

「そうか。しかし、その結論はいかがなものか。バルチック艦隊の速力が、われわれの推定以下で、なんらかの事由から日本近海への到来が遅れているとも考えられる。現にこうして小官も遅れて到着したではないか」

土佐人、島村の軽口に、それまで緊張していた席上がなごんだ。

「バルチック艦隊は、昨年の一〇月一五日に本国を出撃、非常に長い期間の航海を経ている。いま、ウラジオストックを目前にして、心理的にも補給面からみても太平洋へ迂回する余裕があるだろうか。もし私がロシア艦隊の司令長官であれば、わが連合艦隊と一戦交えてでも最短の距離で入港を目指すと思うが、いかが」

ともあれ、明瞭な島村の主張に、それまで北進一辺倒だった軍議の空気が徐々に動いていった。加藤友三郎や秋山真之が軍議の目的としていた意思統一は、島村の登場によって正反対の方向に決着しようとしていたのである。

島村が会議に遅参してきたとき、すでに東郷は自室にいたもののようである。

軍議を終えた島村は、藤井をともない東郷の部屋の扉をノックした。それがどの時点だったのかは明らかでない。

東郷の前に立った島村は、

「いましばらく、情報が入るまで鎮海湾に留まったほうがよろしいかと思います」

と、具申した。

島村は、加藤の前任の参謀長として東郷の側近にあり、信頼は篤《あつ》かった。「嶋田繁太郎備忘録」によれば、東郷はこのとき、

「加藤に言ってあるから、心配せんでよい」

と答え、

「敵は対馬海峡を通る」

との考えを述べたという。

軍議に出席しなかった第二艦隊作戦参謀・佐藤鉄太郎の談話ではあるものの、藤井から直後に聞かされたものだとすれば、真実味はある。

東郷が加藤に伝えていたのは、加藤友三郎から北進の計画を聞いて密封命令の決裁を求められたとき、東郷が言った指示をさしている。

　動ク時ニハ之テ宜《よろし》イガ、動クノハ次ノ情報ヲ待ツテ決スベシ

これも「嶋田繁太郎備忘録」の記述であるが、ほぼ事実であろう。

東郷は、「動くときには密封命令の通りでよいが、ただし動くのは情報が入ってからにしろ」と加藤に指令していた。しかし「北進第二電」を受けた大本営が、すでに艦隊の一部が出港したと勘違いしたことや、藤井、佐藤らの言動をみると、いまにも艦隊が移動するかのような気配があることから、

二四日、二五日にかけて東郷と加藤以下の参謀たちのあいだにはかなり認識の相違があった可能性がある。

つまり、秋山の提案で加藤も北進説を固め、密封命令を出すなど着々と準備を進めていた。これに対して東郷は豊富な経験に基づき、バルチック艦隊が対馬海峡を通ることをある程度予測していたのだろう。山本権兵衛海相がいったように、東郷は百パーセント、連合艦隊の行動に責任を負っている。だから、密封命令を発動するかどうかは東郷の決断ひとつにかかっていた。連合艦隊司令部における決定者は、ひとり東郷のみなのである。

二五日の軍議でも、意見は聞きおくだけで、最終的な判断は自分が下すと決めていたと思われる。またバルチック艦隊の通過が対馬にしろ津軽にしろ、どの方面であっても迅速に出撃できる態勢を整えておくのは常道であり、「次の情報」に重点を置いて対応しようとしていたのだろう。この段階では、鎮海湾待機と北方移動の両方を考慮していたはずである。

「移動の準備はやっておけ」

東郷は、こう加藤に伝えたのかもしれない。密封命令に針路、錨地《びょうち》など具体的な指示があったのも、準備の一環だったわけである。

加藤にしてみれば、北進の準備を整え、すぐにでも出航できる状態にもっていったものの、第二艦隊の藤井較一・佐藤鉄太郎が反対しているから、これがもとで戦闘態勢に入ったとき、意思疎通に齟齬をきたしては困る、と考え軍議を開いた。軍議の展開次第では、即時移動を東郷に具申するつもりだったかもしれない。もちろん東郷が、その意見に同意する可能性もあった。

ところが、藤井の反対論は思いのほか強硬で、しかも前参謀長の島村速雄が「いましばらく様子をみるべし」と提言したために、軍議は北進自重に傾いた。

島村とともに東郷と会合したとき発言しなかった藤井は、のちに東郷の島村に対する信頼が自身に対するものよりもはるかに大きかったと回想している。島村の具申によって、東郷も「次ノ情報」を待つとはっきりと決断したのだった。

加藤参謀長や秋山作戦参謀は、その明晰な頭脳によって、五月一九日のルソン海峡における、敵に関する最後の確実な情報と敵艦隊の平均航海速力から、五月二四、二五日ころには対馬海峡に到達して然るべし、と論理的に考えた。

しかし藤井と島村は、海上経験から加藤、秋山とは別の論理で「かならず対馬に来る」と主張した。そして東郷の指揮官としての経験と直感は、後者の意見を採用することになった。

だがもし軍議の席上で藤井較一が北進に反対せず、島村速雄が東郷に影響を与える具申をしなかったとしたら、加藤友三郎、秋山真之が進めていた北方移動の準備はさらに加速され、艦隊の総意を東郷が受け入れ、二五日のうちに密封命令が発動されていたかもしれない。となれば、日本海海戦がまったく違う結果を招いたことも大いに想像できるのである。

ちなみに第二艦隊のあとひとりの司令官は、アナポリス（アメリカ海軍士官学校）留学組の瓜生外吉（第四戦隊・中将）だった。瓜生の北進についての意見を示す史料は見あたらない。

北進の電報はだれが打ったのか

司馬遼太郎の『坂の上の雲』では、軍議は開かれなかったとされている。

しかし、以上のように「三笠」での軍議は五月二五日に実際に開かれ、しかも非常に重要な意味を有していたのだった。

密封命令発出時および軍議での東郷の立場は、前項に示した通り明白であるが、ここで想起されるのは、連合艦隊司令部と大本営の間に交わされた往復電報である。「北進第一電」を受けた大本営は、対馬に留まるよう返電を打ち、それと行き違いに「北進第二電」が大本営に届いたことは前述した。

『極秘海戦史』は、連合艦隊司令部の北進第一電（二四日）、同第二電（二五日）、大本営の対馬海峡残留希望電（二五日）の三電が、いずれも東郷司令長官と大本営の伊東祐亨軍令部長との間で交換されたとしている。

ところがのちに、東郷に会った小笠原長生が大本営の返電を話題にして、

「いつの時点でそれを閲読したのですか」

と質問したとき、東郷は、

「そんな電報が大本営からあったことは知らぬ」

と答え、北進第一電・同第二電についても、発信を否定した。この点については佐藤鉄太郎も認めている（「嶋田繁太郎備忘録」）。

では、連合艦隊司令部からの発信はだれがおこなったのだろうか。

史料を検討してみると、およそ次のようなことが考えられる。

1、東郷が密封命令の決裁のみを強く意識し、大本営への報告については関心が薄く、命令は決裁したが大本営への報告はしていないと思い込んでいた

2、加藤参謀長が東郷の決裁を得ずに大本営宛てに発信した

3、電報の送受信の手続き中に、発信者・着信者ならびに送信者・受信者について誤りが起こり、実際は加藤参謀長名の発信であるのが、東郷司令長官名の発信であると大本営で誤解した

大本営からの返電は、おそらく加藤が「必要ない」と判断して、東郷には見せなかったのだろう。返電が発信されたのは二五日午後一時四〇分であり、「三笠」での軍議が一時間ほどで終了したことなどの状況を考えれば、不自然ではない。

二五日午後三時三七分に大本営に届いた「北進第二電」については、だれが発信したかは別として、少なくとも東郷の意向が反映されていたことは十分に考えられる。

「明日正午迄当方面ニ敵影ヲ見ザレバ……」

と、連合艦隊司令部が大本営にはっきり時限を決めて行動予定を報告しているわけだから、そこに司

令長官の許可が存在しないことはありえないからである。

藤井・島村の功績は、二五日午後に発動されるはずだった密封命令を一日のばしたことだった。しかし、この一日の意味は非常に大きい。

二四時間のうちに、なんらの情報も入らないというのは戦時では考えにくい。東郷が待っていた「次ノ情報」を得るには十分な時間だったはずである。

密封命令は発動の指令を出さず、そのままにしておけば、どちらにもすぐに対応できるから、とくに中止命令を発することもない。

「明日（二六日）正午迄」と決定したのは、おそらく東郷自身であったと考えられる。

北進論をめぐって大本営と連合艦隊が極度に動揺したのは、五月二四日、二五日の二日間だけであった。二六日午前零時〇五分、上海から大本営に宛てて「前日夕刻にバルチック艦隊の仮装巡洋艦、運送船など八隻が上海港外の呉淞（ウースン）に入港した」との情報が入り、その後も情報が続いて、二六日夕刻には、ロシアの大艦隊が東シナ海にあることがほぼ確認されるに至ったからである。

東郷は二六日夜明け、伊集院軍令部次長からの電報で、敵輸送船などの呉淞入港を知った。この時点で北進論は完全に消滅して、鎮海湾での待機となり、翌二七日の日本海海戦へと歴史は進んでいくのである。

第五章　決戦！　日本海海戦

ロジェストウェンスキーの失策

明治三八年（一九〇五）五月二六日夜明け、ロシア・バルチック艦隊の仮装巡洋艦・運送船八隻が上海港外の呉淞（ウースン）に入港したという情報が、朝鮮半島南端鎮海湾で待つ連合艦隊司令長官東郷平八郎のもとに到達した。二五日に連合艦隊を覆っていた混乱は収束し、北進論はにわかに中断され、やがて情報が続いて、二六日夕刻まではロシアの大艦隊が東シナ海上にあることがほぼ確認された。

日本側にとっては、きわめて幸運な敵の失策だった。

ロジェストウェンスキーの失策はこれだけではなかった。

バルチック艦隊は、ルソン海峡通過に先んじて五月一八日、洋上に停止して石炭補給を行った後、南西諸島線を越えた五月二三日、ふたたび洋上に停止して石炭を満載した。

「ウラジオストック到着前の載炭はこれをもって最終となるだろう」

ロジェストウェンスキーは各艦に通知したが、前にも触れたようにこの石炭満載は極端な艦で積載量の二倍に達するものもあったほどだった。

石炭の搭載は、当時の乗員にとって最大の難事であり、極度の疲労をともなうものであった。長期にわたる航海のストレスに加えて体力を消耗したバルチック艦隊乗員の戦闘意欲が大きく削《そ》がれたのは言うまでもない。

石炭の重量で艦船の喫水線が深くなれば、当然の如く水の抵抗も強く、戦闘時における艦の速力や回頭能力にも影響を及ぼすだけでなく、通常の喫水線を基準として舷側を防御している装甲板を沈下させるため、その効果を減じ、砲撃を受けた際に容易に浸水する危険性も増す。

もうひとつの失策は、ロジェストウェンスキーが偵察を行わなかったことである。ロジェストウェンスキー自身は「優勢な日本の連合艦隊が堅固な迎撃態勢をとっていることが明らかな海域を通過するに当たって偵察隊を先行させることは、わが艦隊の来航を予知させるだけでなく、わが兵力を分散させることになるから、全艦スクラムを固く組んで中央突破を図るべき」だと考えていた。しかし、戦闘に当たって、まず敵情を知り、機先を制して主導権を握るのは作戦の必須要件である。

ロシア皇帝ニコライ二世に気に入られ、宮廷政治においては能力を発揮したロジェストウェンスキーではあったが、実戦経験の乏しさが指揮官としての判断を誤らせ、ひいては日本海海戦における大敗を招いてしまうことになる。

両艦隊の戦闘準備

一方、五月二五日に北進論をめぐり混乱した連合艦隊だが、藤井較一、島村速雄の働きによって艦隊移動を一日遅らせたためにバルチック艦隊の位置をつかむことができた。

東郷は、バルチック艦隊との決戦を間近にひかえた四月一七日、「最終の一戦に際し、寸毫《すんごう》の遺算なからんことを期して」、概略つぎのように訓示している。

一、警戒がもっとも必要で、つねに待つところあれば不覚をとらない。油断は大敵である。

二、士気の消長がすこぶる戦果に関係する。戦場では味方を不利に見やすい。敵七分われ三分と思うときが、実際には五分五分である。

三、積極的な攻撃は最良の防御である。砲術におけるわが練度は、はるかに敵にまさっている。

四、砲火の指揮は艦橋で掌握する必要がある。魚雷攻撃には肉薄攻撃が重要である。

五、戦術実施の要訣は、われの欲しないところを敵にほどこすにある。つねに機先を制することが大切である。

東郷の資質は慎重であるが毅然としており、理性的であるとともに機敏・積極性があった。この訓示は彼の資質と人柄からわきでたものだったと言えよう。数多くの戦闘経験と熱心な研究態度によって、すぐれた戦術眼を備えるようになった東郷に対し、対馬海峡で連合艦隊と交戦するまで、まったくと言っていいほど実戦の経験がなかったロジェストウェンスキーは、対馬海峡突破に際し、日本の艦隊と遭遇して戦闘が起こるのは避けられないと考えながらも、つぎのような部隊運用方針を指示していた。

「艦隊は敵と交戦しつつ常に機を見て北航の運動をとる。戦艦戦隊は共同して敵の戦艦に当たり、巡洋艦ジェムチウグ及びイズムルードは四隻の駆逐艦とともに主力の側方を進出してわが戦艦に水雷攻撃を加えようとする敵水雷艇を撃退し、自余の巡洋艦と四隻の駆逐艦は巡洋艦戦隊司令官（エンクウィスト少将）の指揮に従って、運送船の防護と被害を受けて戦列を脱する戦艦の救護に当たらせ、また、敵の巡洋艦及び駆逐艦に対抗させるものとする」（外山三郎『日露海戦史の研究』下）

また、ロジェストウェンスキーは、マダガスカル島ノシベ泊地にいた一九〇五年一月二三日、日本艦隊との戦闘における戦法についても基本命令を発出していた。

一、敵の艦隊もし縦陣に在るときは、その先頭より数え、横陣に在るときはその右翼より数えて、敵軍艦の番号を信号により指示すべし。しかるときはこの番号に向かい、なるべく全戦隊の砲火を集中すべし

二、もし特別に信号をもって示さざるときは、旗艦にならい敵の嚮導艦《きょうどう》もしくは旗艦に向かい、なるべく砲火を集中すべし

バルチック艦隊も日本艦隊と同じように、指揮艦先頭の単縦陣で、戦艦隊の砲撃力を日本の主要な軍艦に集中しようとしていたわけだが、ロジェストウェンスキーは、日本の戦艦が速力・砲力ともに

上回り、巡洋艦の数は倍し、駆逐艦は有力な水雷戦隊を持っているから、敵に機先を制せられるのはやむをえないと思い込んでいた。

ロシアの戦艦「スウォーロフ」型は最高速力が一八ノットで、旧式の「ニコライ一世」などはせいぜい一五ノットであり、しかもロシア艦隊は本国のリバウ軍港を出てから長い期間、まったくドックに入る機会がなかった。一方、日本の連合艦隊は戦艦がすべて一八ノットを超え、一等巡洋艦では二〇ノットを超えている。しかも、旅順陥落後、すべての軍艦が一度ドックに入って、速度に影響を与える船底のフジツボなどを洗い落としている。

こうした条件の優劣は、あらかじめ明らかだったため、ロジェストウェンスキーは戦闘動作の開始を日本海軍が掌握するだろうと考え、敵に最初の一撃を加えるための艦隊の展開や戦闘中における行動については、なんら検討・研究するところはなかったという（『ロジェストウェンスキー中将告白調書』）。

「つねに機先を制することが大切」とする東郷との差は歴然としていた。

連合艦隊抜錨す

五月二七日夜明け前、連合艦隊は五島列島と済州《さいしゅう》（チェジュ）島の間に巡洋艦二隻（第六戦隊）と仮装巡洋艦四隻を配備し、第三戦隊がその北方を警戒していた。

バルチック艦隊は、巡洋艦三隻を前方に配備し、戦艦隊と巡洋艦隊が二列縦陣となり、運送船隊などがこれに従って日本の哨戒線に接近した。

この日は深いもやが立ちこめていた。

仮装巡洋艦「信濃丸」は午前二時四五分、五島列島西端に浮かぶ岩礁・白瀬の西方約四〇マイルの地点で一汽船を発見して接近し、船尾に回りこんで確認しようとした。はじめは仮装巡洋艦「ヅネープル」ではないかと思われたが、備砲がないことから「病院船ではないか」と疑っていると、汽船は発光信号を送ってきた。それは「ヅネープル」と同型の病院船「アリヨール」であった。くしくも第一戦艦隊の戦艦「アリヨール」と同名である。

「信濃丸」は、近くに他艦が見えなかったので臨検しようと病院船に近づいた。その刹那《せつな》、艦長成《なる》川揆《かわはかる》大佐らは、左舷一五〇〇メートル以内の至近距離に十数隻の軍艦の存在を確認し、かつ数条の煤煙を発見して、自身が敵艦隊のまっただ中にいることに気付いた。

「敵艦隊らしき煤煙見ゆ」という発見の第一報告は四時四五分、「信濃丸」によって打電された。その後、バルチック艦隊と接触をつづける同艦から敵が対馬東水道に向かう旨が報ぜられた。ただし当時の無線技術の限界で、「信濃丸」からの一報はすぐに東郷のもとに届いたわけではなく、尾崎湾の「厳島」が中継した。

このとき「三笠」は鎮海湾にあり、第一・第二艦隊は湾外の加徳水道に、第三艦隊は対馬の尾崎湾にあった。東郷のもとに電信が届くと、全艦隊はただちに抜錨、出動態勢に入り、東郷は秋山の起案になる「本日天気晴朗ナレドモ波高シ」の電報を大本営に打電する。

出撃準備に際しては一二インチ砲の発砲の障害となる恐れがある前後甲板に積載した石炭を中甲板および下甲板に下ろし、艦載水雷艇および小型蒸気艇は特務艦隊の仮装巡洋艦「台中丸」に依託した。

「信濃丸」についで巡洋艦「和泉」は六時四五分、敵艦隊との接触に成功し、つぎつぎと敵の動静を報じてきていた。

東郷は「三笠」を率いて出港、六時三〇分には艦隊に合流し、総艦艇に対して「速力一五海里、序列に従い出港せよ」と令して、第一戦隊の先頭に占位（位置を占めること）した。

この間にも刻々と情報が入り、敵の勢力、陣形、針路が徐々に明らかとなり、連合艦隊は沖ノ島付近でこれを迎撃すべく、七時一〇分、加徳水道を出て韓崎沖に向かった。大本営への電報にもある通り、この日の天候は「晴朗」とはいうものの、もやがまだ残っていて展望がきかなかった。加えて西南西の風で風力五ないし七と、風も強く波浪が高かった。そこで東郷はトン数の小さな水雷艇隊の航海は困難と判断し、「時機を見て艦隊に合流せよ」と命じて三浦湾に避泊させた。

一〇時三〇分までには、「信濃丸」につづいて第三・第五・第六の各戦隊が、バルチック艦隊の側方または前方に占位して監視を強めた。

一〇時五〇分、「和泉」からの無線電信によって敵艦隊の勢力および陣形が明らかとなり、旗艦「三笠」では昼食を早めにとった後、一一時五五分、総員を後甲板に集合させて敵情を説明し、次の

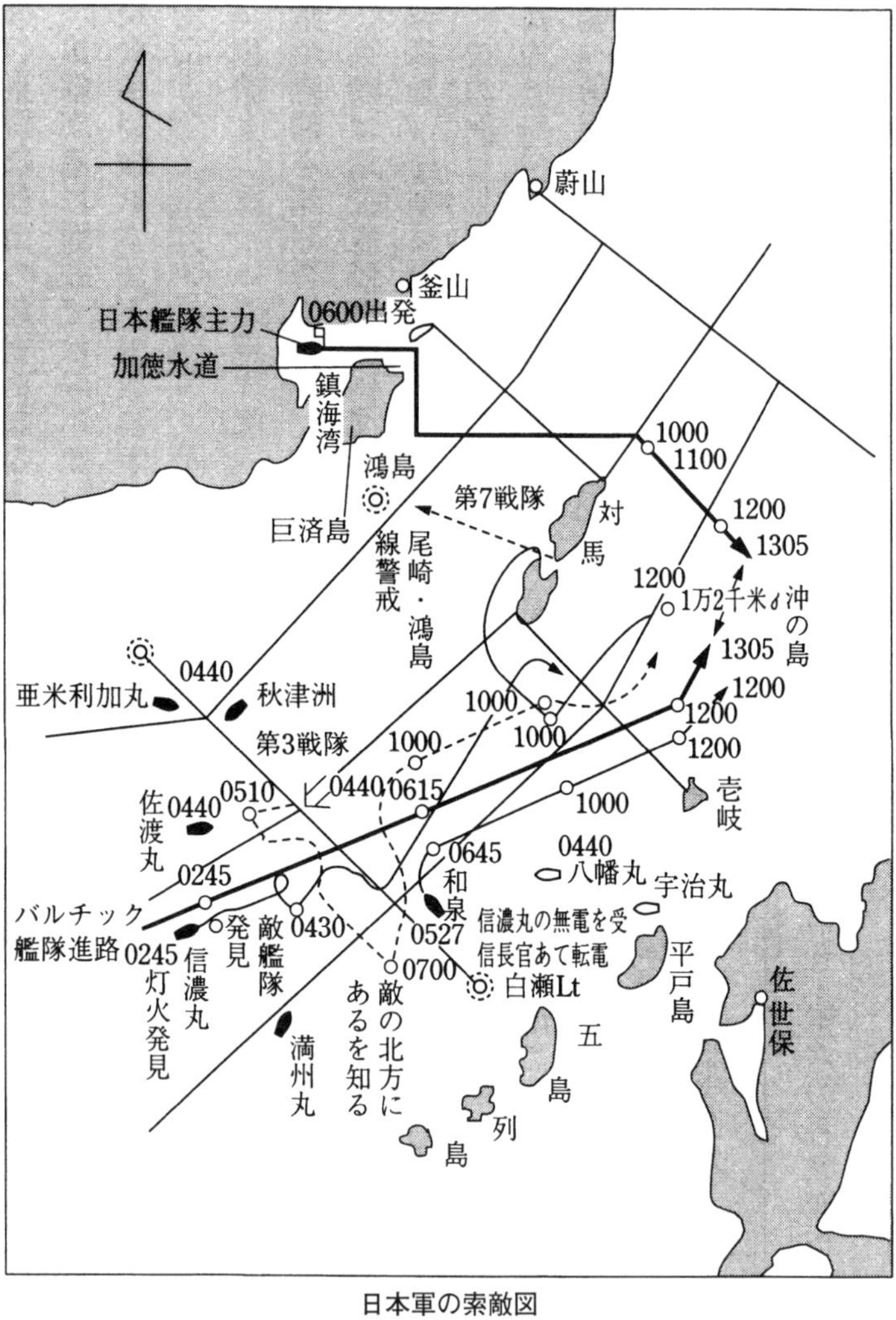

蔚山
釜山
0600出発
日本艦隊主力
加徳水道
鎮海湾
巨済島
鴻島
第7戦隊
対馬
尾崎・鴻島線警戒
1000
1100
1200
1305
1200
1万2千米沖の島
1305
1200
1200
1200
亜米利加丸
0440
秋津洲
第3戦隊
1000
1000
1000
0440
0510
0440
0615
佐渡丸
1000
壱岐
0245
0645
0440
八幡丸
宇治丸
バルチック艦隊進路
和泉
信濃丸の無電を受信長官あて転電
0430
0527
0245
信濃丸灯火発見
発見
敵艦隊
0700
白瀬Lt
平戸島
佐世保
敵の北方にあるを知る
満州丸
五島列島

日本軍の索敵図

ような訓示を行った（伊地知彦次郎艦長提出「軍艦三笠日本海海戦戦闘報告」中の「明治三八年五月二七日戦闘詳報」より）。

総員ニ告グ、予《かね》テヨリ一日千秋ノ思ヲ以テ待チシ敵ノ第二、第三太平洋艦隊モ愈々《いよいよ》本日ヲ以テ浦塩《ウラジオ》ニ向ヒ当対馬海峡ヲ通過セントス。則チ我ガ聯合艦隊ハ今ヨリ是カ邀撃《ようげき》ニ向ヒ、凡ソ一時間ヲ経ハ、彼我相見《まみ》ユルヲ得可シ。無線電信ノ伝フル情報ニ依レバ、敵ノ序列ハ先頭「ジエムチウグ」型一隻ニシテ、其ノ後ニ二列ヲ為《な》シ、右翼列ハ「ボロジノ」型四隻、「オスラービア」、「シソイ・ウエリーキー」、「ナワリン」及ヒ「ナヒーモフ」ノ順ニ主力ヲ為シ、左翼列ハ「ゲネラル・アドミラル・アプラクシン」型三隻、「ニコライ一世」、「オレーグ」、「アウローラ」ニシテ、其ノ後方ニ仮装巡洋艦続行スルモノ、如シ。但此ノ陣形ハ戦闘ノ進行、時ノ状況ニ従ヒテ種々ノ変化ヲ来スハ勿論ナリト雖《いえど》モ、吾等カ雌雄ヲ決セントスル敵ノ勢力ハ大略斯《かく》ノ如キモノナル可シ。倩々《つらつら》想フニ今日ノ戦ハ実ニ邦家ノ安危ニ関スル海戦ナリ。我ハ此ノ重要ナル戦ニ於テ天佑ヲ享《う》ケ、平素錬磨ヲ重ネタル全能ノ腕ヲ揮ヒテ必ズヤ敵ヲ全滅セシメザレバ、止マザラントス。願クハ諸子ト共に協力一致シテ、光輝アル成功ヲ得ンコトヲ切望ス

本日風波穏ナラズシテ射撃ニ困難ヲ感スルハ聊《いささ》カ恨トスル所ナリ。因テ照準ハ極テ慎重ニ行ヒ、号令ハ最明瞭ニ伝ヘ、沈著ニシテ毫《すこし》モ狼狽スルコトナク、百発必ス百中ヲ期ス可シ。余ハ是以上更ニ何等《なんら》ノ望ヲ有セズ。唯諸子ト共ニ少クモ敵艦隊ノ二分ノ一以上ヲ撃破センコトヲ誓ハン哉

次テ

天皇陛下ノ万歳

大日本帝国ノ万歳

聯合艦隊ノ全捷《ぜんしょう》ヲ祈リ万歳ヲ各三唱ス

ロジェストウェンスキーは、日本艦隊がつぎつぎに現れるのを見て、決戦の避けられないのを知り、予定の単縦陣、つまり一本棒の戦闘陣形に転じるため、午前一一時を過ぎると第一・第二戦艦隊は速力を増して第三戦艦隊の前方に出て、巡洋艦隊には後方に下がり運送船隊を援護するよう発令した。

一二時〇〇分、ロシア艦隊は予定どおり、対馬東水道の中央に達した。このとき出羽の率いる第三戦隊は第四駆逐隊とともに、敵の陣形変換を確かめるため、敵艦隊の前方を横断するような針路を採った。

この行動をロジェストウェンスキーは、浮流機雷を投下する運動と錯覚し、第一戦艦隊の四隻を横陣、つまり横一列となして広正面でこれを撃退しようとした。

そのため第一戦艦隊を右九〇度に変針させ、ついで左九〇度に一斉回頭して、単横陣を作ろうとした。ところが左九〇度に一斉回答するとき、二番艦「アレクサンドル三世」は運動を誤り、一番艦「スウォーロフ」に続行してしまった。

三番艦「ボロジノ」、四番艦「アリヨール」は、いったん一斉回頭して単横陣になろうとしたが、けっきょく二番艦に続行してしまった。

こうして第一戦艦隊は意図された単横陣とならず、第二・第三戦艦隊と二列の縦陣となってしまった。

陣形が乱れたそのとき、ロジェストウェンスキーは、前方を右から左に横断して進む東郷の主力部隊を発見した。午後一時三〇分のことである。

ロシア第一戦艦隊は増速し、第二・第三戦艦隊は減速して、ふたたび一本棒になろうとする。だが、この陣形運動が終了するまえに、艦隊は決戦に突入してしまう。

ロシアにとっては不運な時刻であった。

決戦のとき

一二時〇〇分、対馬・壱岐と三角形を成す沖ノ島の北方に達した連合艦隊は、速力を一二ノットに減じた。主力部隊の六六艦隊の先頭「三笠」に立つ司令長官東郷平八郎は、ついに午後一時三九分、南西はるかに二列縦陣の敵艦隊を発見した。軍艦旗がマストに揚がる。

このときの東郷の反応は『坂の上の雲』では、以下のように描写されている。

……この午後一時四十五分ごろ、彼我の距離ざっと一万二千メートルのときに東郷がつぶやいたつぶやきを、かたわらの参謀長加藤友三郎はながく記憶していた。

「ヘンナカタチダネ」

ということであった。東郷は平然としていて、その表情も声もふだんとすこしもかわらなかった。かれの海軍生活は幕末からかぞえて四十年にちかく、その実戦経験は薩英戦争以来、世界中のどの軍人よりも豊富であり、この切所《せっしょ》に立ちいたっても妙な昂奮をするということはなかった。

「カタチ」

というのは、陣形のことである。たしかに、東郷の八倍の双眼鏡にうつったバルチック艦隊は、へんな陣形をしていた。(『坂の上の雲』「運命の海」)

第一、第二戦隊は北西微北に変針し、一時五〇分、一二ノットから一五ノットに増速した。

東郷は一時五五分、「皇国の興廃、此の一戦にあり。各員一層奮励努力せよ」を意味するZ信号旗を掲げる。

バルチック艦隊は旗艦「三笠」の南微西一万二〇〇〇メートルにあった(図参照)。

加藤や秋山らは東郷に対して、装甲に保護された司令塔のなかへ入るよう懇願したが、東郷はこれを拒否して吹きさらしの艦橋に留まる。

二時〇二分、東郷は針路を南西微南とし、敵と反航通過するようよそおった。

そして二時〇五分、敵先頭艦との距離八〇〇〇メートルになったとき、東郷は急に「三笠」を左に大回頭させて東北東に変針させ、第一・第二戦隊の各艦がこれにならった。

いわゆる丁字戦法の採用である。

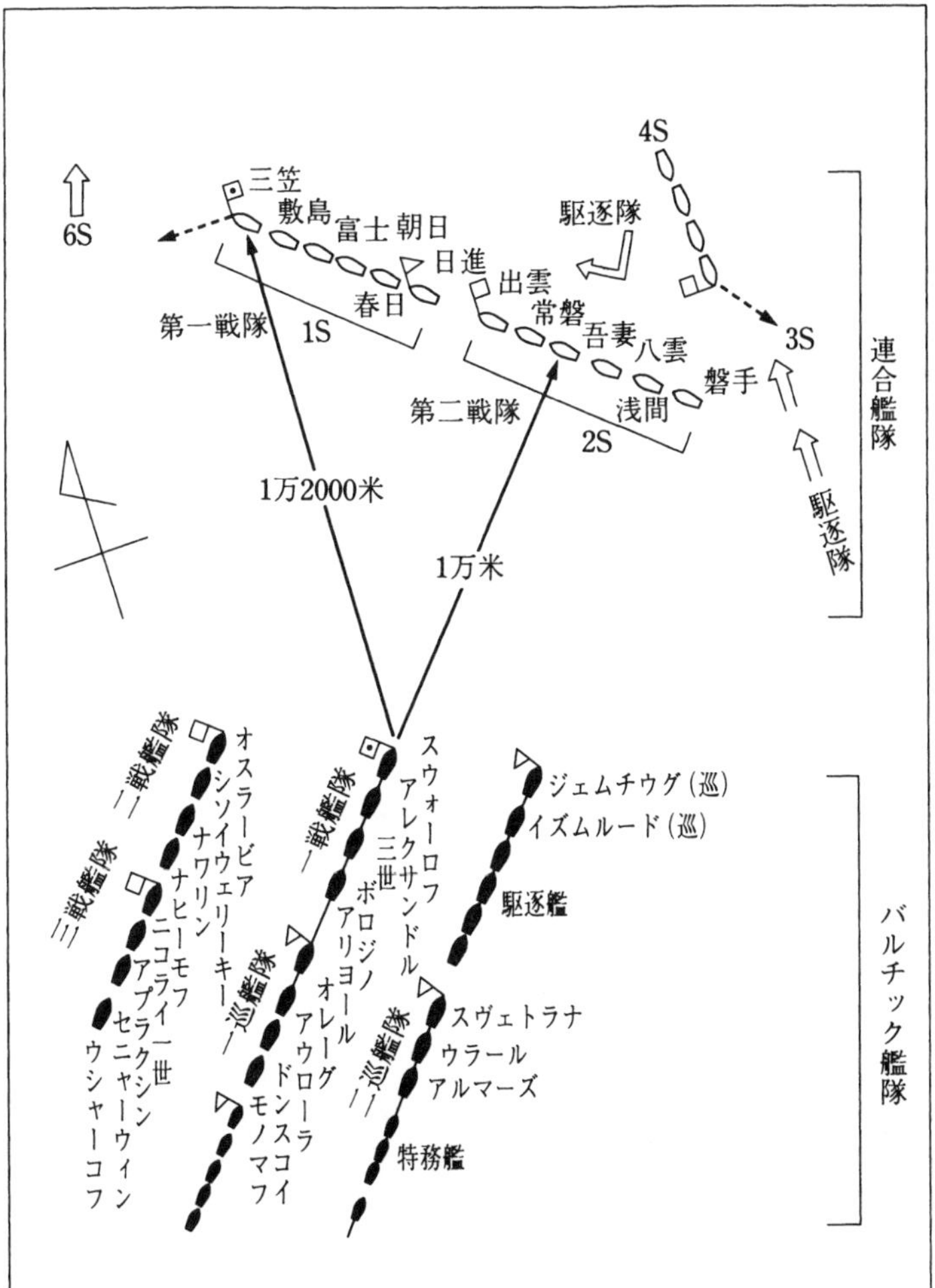

Z旗掲揚時の両軍の態勢（5月27日午後1時55分）

第三・第四・第五・第六の各戦隊は、南下して敵の後尾を攻撃しようとする。

北東に進むロジェストウェンスキーは、「三笠」の回頭を見ると好機の到来と信じ、全艦隊に戦闘開始を令した。

二時〇八分、「三笠」に続く二番艦「敷島」が回頭を終わって新針路につこうとしたまさにそのとき、旗艦「スウォーロフ」が第一弾を距離七〇〇〇メートルで「三笠」に向けて発砲し、これにならう数艦が砲撃開始。その弾着の水柱で「三笠」は艦影を没するほどであった。

しかし死を決して天佑《てんゆう》を信ずる東郷は、自重してしばらく応戦せず、距離が縮まるのを待った。二時一〇分、射距離六〇〇〇メートルになるとはじめて「三笠」に発砲を命じ、後続の各艦も新針路につくにしたがって、これにならい射撃を開始した。

二時一二分、両艦隊は五五〇〇メートルの距離に接近したが、バルチック艦隊は漸次針路を右にとり、ほぼ連合艦隊と並航しながら左翼列が右翼列の後尾に入って、相変わらず不規則な単縦陣となっていた。

距離が五八〇〇メートルに遠ざかり、なおも開こうとする態勢になったため、「三笠」を先頭とする第一艦隊は東微南に転針して距離を縮め、敵の前面を圧しようとし、第一艦隊の殿艦《しんがり》「日進」もようやく回頭を終えて戦列に加わり、戦闘はいよいよ激しくなった。西南の強風に吹かれて爆煙と煤煙が混じり合い、波飛沫と落弾による水柱が「三笠」の上部艦橋を襲ったが、東郷はそれをものともせず、じっと立ち続ける。

二時一八分、距離五四〇〇メートルに近づいたところで第一戦隊はふたたび東北東に針路を転じ、敵と並航した。次いで四六〇〇メートルまで接近すると急射撃に移り、一二インチ砲が火を噴く。

このころ第二戦隊も第一戦隊に続航して戦闘に加わり、砲戦はいよいよ激烈をきわめた。『極秘海戦史』は次のように描写する。

「彼我ノ砲弾或ハ水面ニ裂ケ、或ハ舷側ニ砕《くだ》ケ、黒褐ナル硝煙ハ漠々トシテ海ヲ掩《おお》ヒ、閃《せん》々《せん》タル紫電ハ其ノ間ニ迸《はし》リ、殷《いん》々《いん》タル砲声《ほうせい》ハ怒濤ニ和シテ光景転《てん》々《てん》惨《さん》澹《たん》タリ」

このときロシア艦隊は、一本棒への陣形運動がまだ終わらず、二列縦陣のそれぞれの先頭にある「スウォーロフ」と「オスラービア」が、連合艦隊の集中攻撃を受けていた。バルチック艦隊も次第に射撃の精度を上げ、旗艦「三笠」に敵弾が集中する。すでに六インチ以上の砲弾十数発を受け、他の諸艦も少なからず被弾していた。しかし連合艦隊の弾着はきわめて良好で、命中炸裂《さくれつ》が相次ぎ、「スウォーロフ」と「オスラービア」はときどき爆煙のなかに艦影を没するほどであった。

バルチック艦隊の敗走

勝敗はほぼ、戦闘開始から三〇〜四〇分の間に決した。

「オスラービア」がまず大火災を起こし、「スウォーロフ」とこれに続く各艦も火災を起こし、ロシア艦隊は針路を東から南東へと圧迫され、陣形も乱れる。

敵の前面をさえぎりながら砲撃を続ける連合艦隊の優勢は動かない。正確度を増す射撃によって命中弾の爆煙が海上を覆い、敵の艦影を包み込んで、わずかにマストに翻《ひるがえ》る戦闘旗が望見されるのみとなった。このため二時四〇分ごろには一時発砲を中止せざるをえなかった。

二時四三分、第一戦隊は東南東に、四七分には南東二分の一東に変針し、バルチック艦隊に対して略丁字形を描いて圧迫を続け、第二戦隊とともに再び猛烈な縦射《じゅうしゃ》を加えた。

「スウォーロフ」と「オスラービア」は集中砲火を浴びて甚大な損害を受けていた。マストは折れ、煙突は破砕され、火災による猛煙が艦を覆っている。とくに「オスラービア」の艦首は著しく沈下し、かつ左舷に傾いていった。

二時五〇分、一弾が「スウォーロフ」の司令塔に命中して、ロジェストウェンスキーは重傷を負い、同艦は舵を破壊されて艦隊の列外に落伍した。三時〇七分、「オスラービア」は艦首から、艦尾を空中高くかかげて沈没する。

日本艦隊にもかなりの命中弾があったが、整然として陣形を乱すようなことはなく、三〇〇〇～五〇〇〇メートルに接近して猛攻を加えたため、ロシア艦隊はほとんど乱軍状態に陥った。三時三〇分ごろには艦隊から孤立した「スウォーロフ」に対して二〇〇〇～三〇〇〇メートルの射距離から砲撃し、魚雷を発射した。

散り散りとなったバルチック艦隊は、単艦または数艦で必死にウラジオストック方向に逃れようと

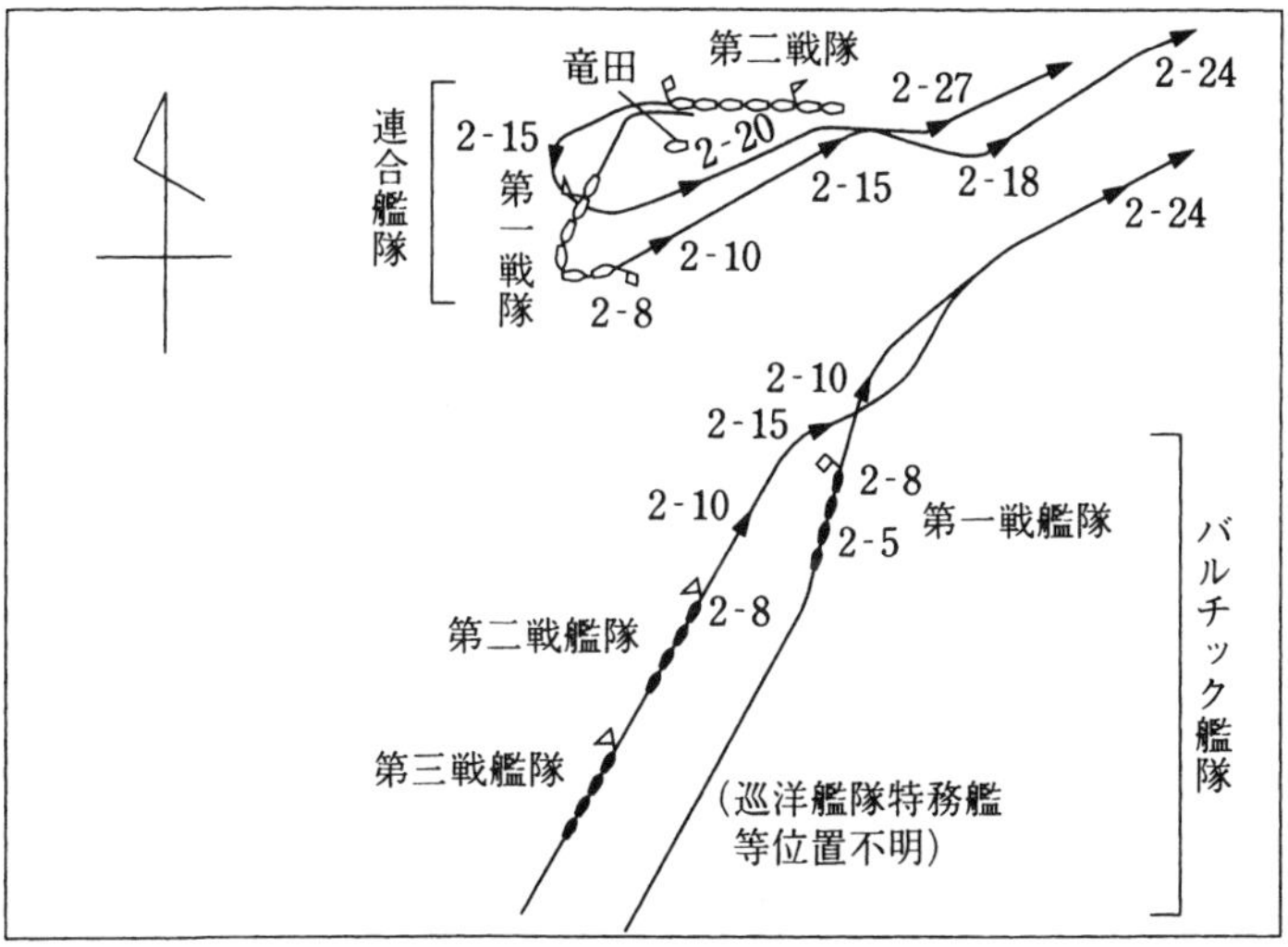

27日午後２時８分敵砲撃開始時の位置

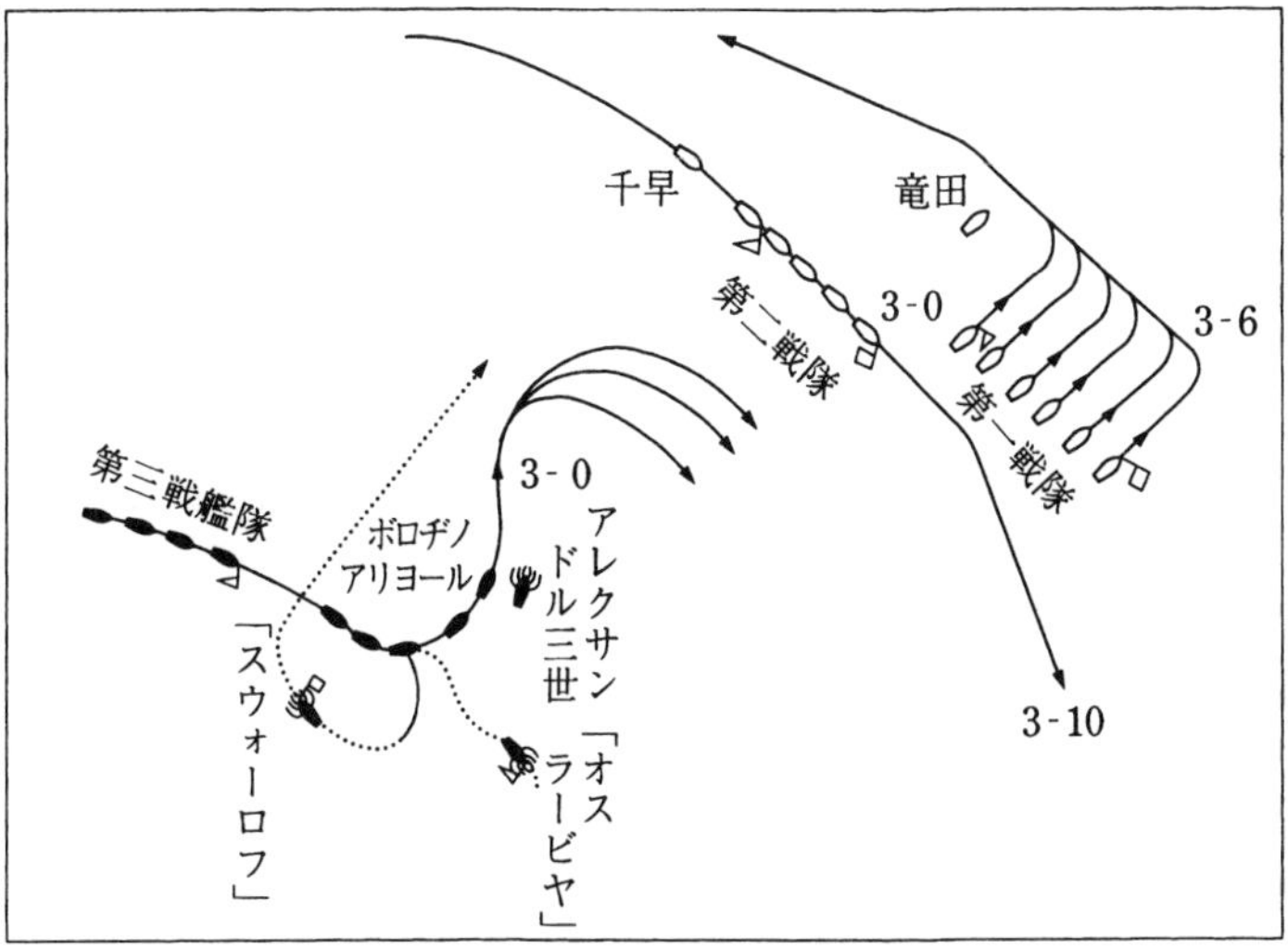

午後３時の対勢

した。しかし、連合艦隊が常に敵の北方を航行して圧迫したので、ウラジオストック方面への敗走は無理と悟り、四時三〇分ごろから漸次右方向に回頭して南方に逃れようとした。そこで第二戦隊は右方に一旋転して五時ごろから第一戦隊とともに南下、さらに第四駆逐隊は孤立した「スウォーロフ」への攻撃を続けた。

第一・第二艦隊はこのあと日没までに、残存の敵艦隊主力と二度にわたって砲戦を交えた。丁字・乙字戦法を採って敵の針路を押さえつつ砲撃を続け、「アレクサンドル三世」「ボロジノ」を撃沈した。この沈没艦の乗員で生存しえたのは、海中から日本の駆逐艦に拾われた「ボロジノ」の水兵一人だけで、ほかは総員が海中に沈んだ。

五月二七日の夜戦

五月二七日の太陽が没したあと翌日の朝までは、日本の駆逐艦・水雷艇は連続して夜襲を敢行した。すさまじい攻撃の過程で、駆逐艦同士、駆逐艦と水雷艇、水雷艇同士の三件の衝突事故が発生した。夜襲における魚雷攻撃で、ロシアは戦艦「シソイ・ウェリーキー」「ナワリン」、装甲巡洋艦「ナヒーモフ」「モノマーフ」の四艦が沈没したが、日本は水雷艇二隻（第三四号・第三五号）が撃沈されたのみで、ほかに衝突事故を起こした水雷艇一隻（第六九号）が沈んだだけだった。

艦隊の列外に落伍していた「スウォーロフ」は、ロジェストウェンスキーほかの司令部員を二七日午後五時ごろ、横付けした駆逐艦「ブイヌイ」に移乗させたあと、なおも日本の巡洋艦ほかの集中攻撃を受けるが、最後は水雷艇の魚雷により転覆して沈んだ。同艦は最後の一門一兵まで勇敢に戦った。

「スウォーロフ」が危機に瀕《ひん》したとき、砲撃で頭部に重傷を負ったロジェストウェンスキーは一時人事不省に陥り、包帯を取り替える際に気がついて、自分がもう立ち上がれないほどであることを悟った。そのため意を決して艦隊の指揮権をネボガトフ少将に委譲することと、「ウラジオストックへ回航せよ」との命令を発した。ところが、午後六時ごろに出されたこの信号命令は、ネボガトフの乗る「ニコライ一世」にはすぐには伝わらなかった。

運送船が近づいて「司令長官は指揮権をネボガトフ少将に譲る」の信号を掲げたが、ネボガトフは自分の艦隊指揮権の停止か、あるいはその発覚を隠すために出されたものと誤解してしまった。しかし、そのあとで駆逐艦が近づき、音声をもってロジェストウェンスキーの負傷とウラジオストックへの進航命令が伝えられたので、はじめてネボガトフは、「我に続け」の信号を掲げたのだった。

日本の第一戦隊・第二戦隊は敵の巡洋艦等を砲撃しつつ南方に向かい、バルチック艦隊の主力を追跡しようとしたが、煙霧が深く、なかなか発見できない。そこで第一戦隊は「敵がまだ北方にあるのではないか」と推断し、五時二八分、第二戦隊と分離して北北西に変針して追撃を図ろうとしたところ、たまたま仮装巡洋艦「ウラール」を発見し、猛火を浴びせた。第一戦隊は「ウラール」の左舷横二〇〇〇メートルの近距離を通過しながら魚雷を発射、四七ミリ砲でも攻撃して、ついにこれを撃沈した。

ついで五時四二分、北西に針路を戻し、航行不能になった工作船「カムチャツカ」に猛撃を加えた後、敵主力に接近しようと西北西に変針したところ、敵の駆逐艦が突進してくるようにみえたので、これを撃退した。その直後、西北西の方角に敵艦隊が北走しているのを発見し、六三〇〇メートルの距離から砲戦を再開する。

バルチック艦隊の主力はすでに壊滅状態に陥っていたが、たまたま日本の第三艦隊と戦って敗れた巡洋艦隊の一部と合流して一団となり、連合艦隊の視界から逃れたのに乗じてふたたび隊伍を整え、北方に血路を開こうとしていたところだった。

午後六時ごろに再開された戦闘時におけるバルチック艦隊主力の隊形は、ボロジノ型戦艦「ボロジノ」「アリヨール」を先頭とし、やや遅れて「ニコライ一世」「セニャーウィン」「アプラクシン」「アレクサンドル三世」「ウシャーコフ」が続き、「ナワリン」「シソイ・ウェリーキー」「ナヒーモフ」などの諸艦がその左後方に不規則に配列するというものだった。なお、巡洋艦「オレーグ」「アウローラ」「ジェムチウグ」の三隻は艦隊主力の左舷はるか前方にあった。

日本の第一戦隊は、まず先頭の二艦を目標に戦闘を続け、六時一二分には距離六〇〇〇メートルほどに近づいたが、夕陽による波のきらめきで弾着が確認しにくくなったため、射撃速度を緩めながら接近した。六時二五分、「三笠」を先頭とする第一戦隊・第二戦隊とバルチック艦隊主力は約五五〇〇メートルの距離をおいて、ほぼ並行する形となる。

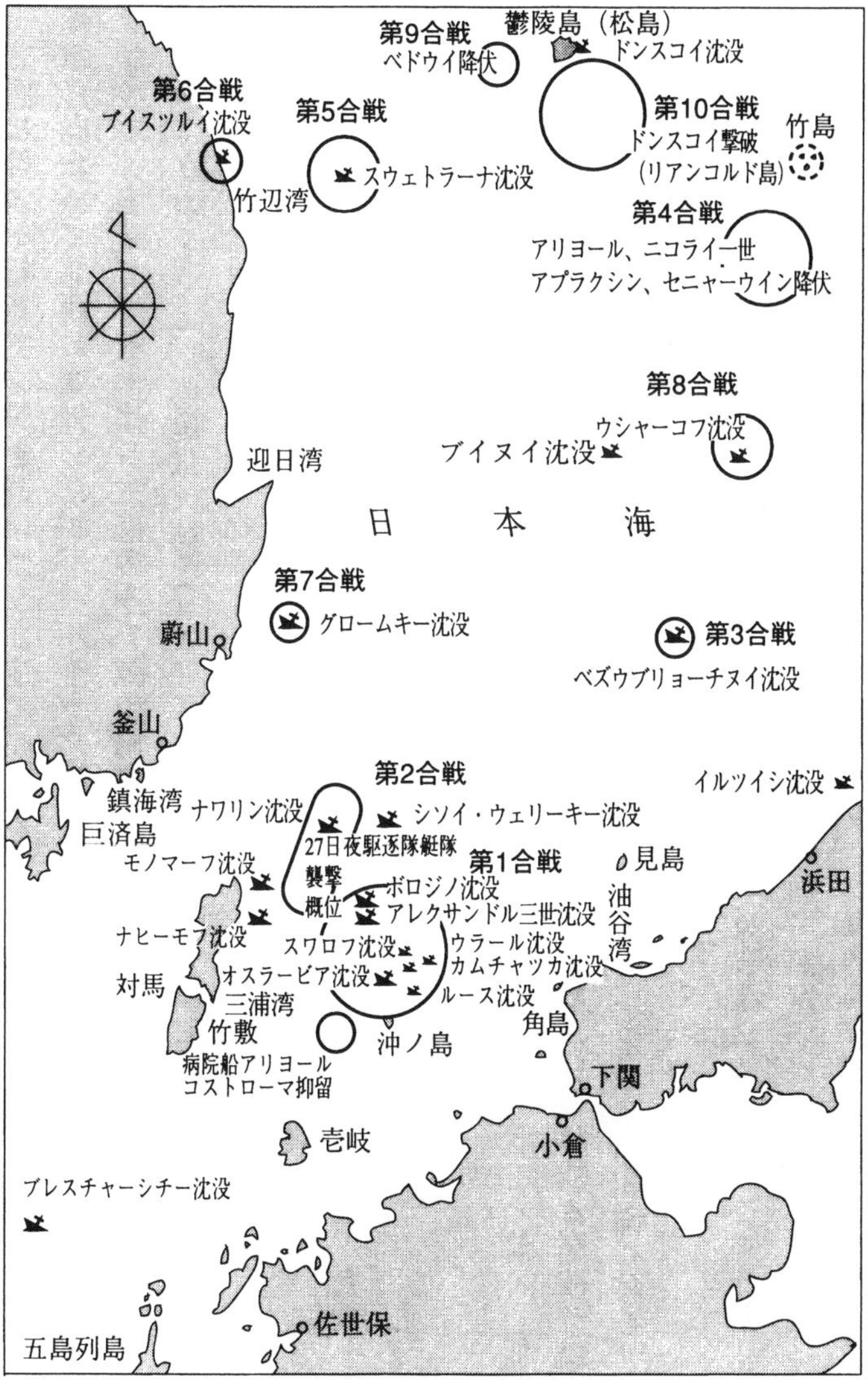

日本海海戦の主たる戦場略図

バルチック艦隊の隊形はやや整い、射撃の精度も上がってきたため、戦闘は猛烈をきわめた。連合艦隊は砲撃を敵の一番艦「ボロジノ」に集中させ、命中精度が良好だったため、次第に爆煙は敵艦を覆って、照準困難になるほどだった。二番艦「アリヨール」の奮戦で、「三笠」をはじめとした日本艦隊に砲弾が襲いかかり、水柱がしばしば艦橋に降り注ぐようになったため、射撃目標を「ボロジノ」から「アリヨール」に移して、なおも砲撃戦が続く。

北西に針路を転じて砲撃を避けようとするバルチック艦隊の残存主力に対し、第一戦隊は敵に向かって北西に変針したが、バルチック艦隊主力はさらに針路を変えて近接を許さなかった。そこで、もっぱら主砲のみで敵の両艦に緩射撃を続けたところ、砲弾は的確に「ボロジノ」をとらえ、同艦は大《たい》檣《しょう》（メインマスト）を切断、後部に大火災を起こして炎上しており、その光景は凄愴《せいそう》を極めた。

しかし両艦隊の距離はますます広がり、夕闇も迫ってきたので、七時三〇分、まず「三笠」が発砲を中止し、後続の諸艦もこれにならって砲撃をやめた。そのころ、火災を起こしていた「ボロジノ」は、まるで火薬庫が爆発したかのような火柱を上げ、忽然《こつぜん》と海中に没している。

すでに夕闇が海面を覆って暗くなり、風は衰えていた。

連合艦隊の駆逐隊・水雷艇隊は敗残の敵艦隊を追撃するため、いまだ残る高波を蹴って疾走していた。夜八時一〇分、第一戦隊は第二戦隊と合流し、予定の夜間配備に移る。そして、東郷司令長官が翌朝の集合地点に定めた鬱陵島に向かっていった。

バルチック艦隊の降伏

明けて五月二八日、天気は晴朗にして前日の濛気《もうき》、つまりもやは拭ったようになくなっていた。
東郷は敵の退路を遮断するため、巡洋艦に命じて東西に捜索の列を張ろうとしたが、午前五時二〇分、後方約六〇カイリにいた第五戦隊より「東方あたりに敵の煤煙数条を認める」との報が入り、ただちに針路を転じて邀撃に向かった。

少将ネボガトフの座乗する「ニコライ一世」を先頭とし、戦艦「アリヨール」、装甲海防艦「アプラクシン」「セニャーウィン」と続き、巡洋艦「イズムルード」の従う一団は、一〇時三〇分、竹島の南西二〇カイリの地点で北東進中、東郷の第一・第二・第四・第五・第六戦隊に包囲された。

第一・第二戦隊が距離八〇〇〇メートルで砲火を開いたが、バルチック艦隊残存主力は、前日来、昼夜にわたって連合艦隊の猛攻撃にさらされ、すでに戦闘意欲を喪失していた。ふたたび連合艦隊に包囲されて、到底抵抗できないと判断したネボガトフは、戦闘旗を掲げず、かわりに降伏の信号をあげた。

列艦も旗艦にならって降伏の信号をあげたが、「イズムルード」のみが優速を頼んで東方に逃走した。第六戦隊とたまたま来会した巡洋艦「千歳」（第三戦隊）がこれを追ったが、北方に逸した。

降伏の四艦は派遣された幕僚によって捕獲され、「アリヨール」は舞鶴に、ほかは佐世保に回航された。「イズムルード」はのちに、沿海州で座礁した。

ロジェストウェンスキーを移乗させた駆逐艦「ブイヌイ」は、損傷と石炭不足のためウラジオストックまでの航行が不可能となり、日本の海岸に司令長官を上陸させたあと爆沈しようとして、日本の海岸に向かって航走中、装甲巡洋艦「ドンスコイ」の一団と会合した。

ロジェストウェンスキーはここで、駆逐艦「ベドウイ」に移乗し、ほかの駆逐艦一隻とともに北方に逃れたものの、日本の駆逐艦二隻に発見されて追撃され、「ベドウイ」は降伏し、ほかの一隻は逃れてウラジオストックに到着した。

日本海海戦に参加したロシア艦隊は運送船を含めて三八隻であるが、目的のウラジオストックに入れたのは、巡洋艦「アルマーズ」と駆逐艦二隻だけであった。

残りの三五隻の結末を見ておこう。

○日本艦隊に撃沈されたもの（一六隻）

戦艦「スウォーロフ」「アレクサンドル三世」「ボロジノ」「オスラービア」「シソイ・ウェリーキー」「ナワリン」

装甲巡洋艦「ナヒーモフ」「モノマーフ」

装甲海防艦「ウシャーコフ」

防護巡洋艦「スウェトラーナ」

駆逐艦三隻

仮装巡洋艦「ウラール」
工作船「カムチャツカ」
運送船一隻
○日本艦隊に撃破され自沈したもの（四隻）
装甲巡洋艦「ドンスコイ」
駆逐艦二隻
運送船一隻
○座礁して自沈したもの（一隻）
巡洋艦「イズムルード」
○日本艦隊に捕獲されたもの（六隻）
戦艦「ニコライ一世」「アリヨール」
装甲海防艦「アプラクシン」「セニャーウィン」
駆逐艦一隻
病院船一隻
○マニラに入港しアメリカに抑留されたもの（三隻）
防衛巡洋艦「オレーグ」「アウローラ」

巡洋艦「ジェムチウグ」

○上海に入港し中国に抑留されたもの（三隻）

駆逐艦一隻

運送船二隻

○ロシア本国に帰航したもの（二隻）

運送船一隻

病院船一隻

この海戦に参加した日本艦艇の損失は、水雷艇三隻だけである。前記のとおり、二隻が撃沈され、一隻が衝突事故のあと沈没した。

連合艦隊旗艦「三笠」は、五月二七日午後二時一〇分から同五〇分の間にもっとも敵の砲弾を浴び、一二インチ砲弾六発、六インチ砲弾一九発を受けている。

ロシア側は戦死が約五〇〇〇人、捕虜になった者約六〇〇〇人、中国に抑留された者二〇〇〇人以上に達した。対して、日本側は戦死が一一〇人余、負傷が五八〇人余に過ぎなかった。

歴史上その例を見ない日本の完勝であった。

評価と教訓

ロシア太平洋第二艦隊が明治三八年（一九〇五）四月中旬、フランス領インドシナに到着したときから、日本のシーレーンは重大な脅威にさらされていた。海上保険料率は暴騰し、しかも香港から西の通商はほとんど止まってしまった。日本の貿易は急激に落ち込み、株式は暴落し、経済界は恐慌をきたした。

日本の海軍軍令部はもともと、ロシア艦隊が物資の豊富な台湾付近、中国南部、南洋地方などの一区域を占領し、持久作戦を継続し、好機を待ってウラジオストックに入港しようとするかもしれないと考えていた。

敵がこのような作戦をとれば、日本のシーレーンはつねに危険にさらされ、経済的に耐えられなくなり、連合艦隊はやむなく進攻作戦を強いられることになったであろう。

ロシアにとって取るべき方針は、この方法ではなかったか。

日本海海戦に参加したロシア艦隊は、運送船隊を除いて約一五万トンで、長征により艦体はよごれ、乗員は疲れ、訓練も不足であった。これに対し、日本艦艇は特務艦隊を除いて約二一万七〇〇〇トンに達しており、しかも艦体は整備され、乗員は十分の休養と訓練により士気は高く、最高の好条件にあった。

決戦の機会さえとらえれば、日本艦隊が勝つのは当然であった。

ロシアの艦船はしばしば火災を起こしているが、石炭を満載していたことのほかに、日本側が開発し用いた、最新兵器の伊集院《いじゅういん》信管、下瀬《しもせ》火薬などが優秀であったことも、無関係ではない。伊集院信管は、伊集院五郎海軍少佐が考案したもので、命中せず海面に落下しただけでも砲弾を炸裂させる弾底着信管である。また、下瀬火薬は海軍兵器製造所の下瀬雅允技手がフランス製の新爆薬をもとに開発したもので、ピクリン酸を原料とした強力な新火薬であった。

いずれにしろ日本海海戦における日本大勝の最大の要因は、東郷による丁字戦法の採用であったことは論をまたない。この戦法は次章で述べるとおり、かねて計画されていたものではあるが、あの時点のあの位置での決行はもちろん東郷の決断にかかっており、それは武人東郷の人格と信念を象徴するものであったと言える。

第六章　「丁字戦法」に潜む二つの謎——「連合艦隊戦策」に秘められた真実

丁字戦法に関する通説の誤り

日本海海戦において連合艦隊が完勝できた要因は、伊集院信管、下瀬火薬の砲弾を使用し、第一戦隊（戦艦四隻・装甲巡洋艦二隻）・第二戦隊（装甲巡洋艦六隻）の優秀な砲撃力を活用して、丁字戦法により猛烈な近迫攻撃を行ったことにある。このことに疑問の余地はない。

丁字戦法は簡単に言えば、縦一列に並んで進んでくる敵艦隊に対し、ちょうど「丁」の字と同じような形となって敵の先頭艦を圧迫し、火力集中が可能なキール線の正横方向の舷側砲を加えて、全力で十字砲火を浴びせる戦術である。

東郷はこの丁字戦法を敢行し、完勝に導いた。

太平洋戦争前も、また戦後から現在に至るまでも、ほとんどの戦記では東郷平八郎が海戦に臨んでから丁字戦法の決行を決断したように書かれている。

司馬遼太郎の『坂の上の雲』も例外ではない。

『坂の上の雲』のこの部分は、「三笠」砲術長の安保清種《あぼきよかず》が、後年、昭和二年九月におこなった「海戦の勝敗と主将」という講演からとったものと思われるが、安保はこのとき、東郷の考えていた陣形を想像することができず、砲戦を右舷でやるのか左舷でやるのか「どちら側になさるのですか」となり、「三笠」艦長の伊地知彦次郎は、加藤参謀長の「取舵《とりかじ》一杯」の指示におどろいて、「えっ、取舵になさるのですか」と反問する。

「丁字戦法の発案者」である秋山真之作戦参謀でさえも、彼が司令長官であれば、その時点でこの戦法を採用したかどうかは疑わしく、冒険を避けて秋山が用意した「ウラジオまでの七段構え」の漸滅戦法を採用したかもしれない、とされる。

かれは風むきが敵の射撃に不利であること、敵は元来遠距離射撃に長じていないこと、波が高いためただでさえ遠距離射撃に長じていない敵にとって高い命中率を得ることは困難であること、などをとっさに判断したに相違なかった。

「海戦に勝つ方法は」

と、のちに東郷は語っている。

「適切な時機をつかんで猛撃を加えることである。その時機を判断する能力は経験によって得られるもので、書物からは学ぶことはできない」

用兵者としての東郷はたしかにこのとき時機を感じた。そのかんは、かれの豊富な経験から弾《はじ》き出された。（『坂の上の雲』「運命の海」）

東郷が語る「海戦に勝つ方法」は、たしかにそのとおりであろう。しかし、日本海海戦において東郷が風向・距離などから「とっさに判断」し、丁字戦法を決行したという判定については、正しくないと思う。

実は東郷の連合艦隊が洋上でロシア艦隊と遭遇したときに丁字戦法を採用することは、東郷が日露開戦直前の明治三七年（一九〇四）一月九日、「連合艦隊戦策」中に明記し、部下の将校にあらかじめ示していたものだった。

ただしこの「連合艦隊戦策」は、最高度の軍事機密で一般には公開されていない。したがって海軍軍令部が編纂して一般に刊行した戦史には、「戦策」のことはまったく記述されていない。軍令部が刊行した日露海戦史は三種類があるが、そのいずれも、東郷が日露開戦前から決定していた「連合艦隊戦策」にのっとって丁字戦法を決行したことについては、一語も触れていない。

公刊戦史だけではない。参戦した関係者もことさらこの点を伏せて談話しているのである。このことは顕著な一例だけをあげれば、すぐに理解できる。

日本人の多くが海戦の模様を知ったのは、前述した水野広徳の『此一戦』による場合が多かったと思われる。

水野は第四一号水雷艇長として日本海海戦に参加し、戦後は軍令部出仕の身分で公刊戦史の編纂に従事している。水雷艇長のときには、おそらく丁字戦法を定めた「連合艦隊戦策」の存在を知らなかったと思われるが、戦史編纂中に中佐に昇進したころには、問題の真相を確実に知っていたはずである。

しかし、水野は『此一戦』で、

龍虎爪牙《そうが》を研《と》いで相対峙《たいじ》し、搏撃《はくげき》の機刻々《とき》に逼《せま》る。両軍士気は熱して火の如く、戦闘の号音一たび響かば百貫の鉄丸空を切つて飛ばんとす。殺気天に満ちて鬼気人を衝《つ》く

と、得意の美文を前置きし、ロシア艦隊の状況に触れたあと、

敵と反航の針路を取つて進み来りし我が主力艦隊は、転廻して敵と同航せんか、将《ま》た直進して之と反航せんか、旗艦艦橋上、軍議正に濃《こまや》かである。東郷大将は長剣を杖《つえ》ついて羅鍼艦橋上に屹立《きつりつ》し、炯々《けいけい》たる眼は益《ます》輝《ます》き、結びたる口は愈々《いよいよ》締り、敵の運動を注視しつつ黙して一語を発しない。既にして午後二時を過ぐること五分、敵の距離約八千米《メートル》突に近づくや、機を見て動くこと、迅電《じんでん》の如き我が大将は、決然として左舷回頭の令を下した。大胆！　又冒険！

と、東郷は決然として回頭を命じたと記述する。

東郷は「連合艦隊戦策」（以下「戦策」と略）で、ロシア艦隊と八〇〇〇メートルに接近するまでは、連合艦隊が第一戦隊を基準として陣形を保持するよう定めていた。また、首席参謀の秋山真之は日本海海戦の当日、敵発見後に「戦策」どおりの丁字戦法が決行できるよう、敵味方の針路・速力を計測しながら旗艦「三笠」を導く責任を負っていた。

第一戦隊の先頭「三笠」にある東郷が沖ノ島北方至近の海域で五月二七日午後一時三九分、南西八ないし九カイリの視界限度近くでロシア艦隊を発見したあと、北西微北に変針し（一時四〇分）、一二ノットから一五ノットに増速し（一時五〇分）、さらに西（一時五五分）、南西微南（二時〇二分）、東北東（二時〇五分）と次々に変針したのは、すべて丁字戦法を敢行するための運動であった。一五ノットという速力も、「戦策」中に規定されていたものである。

海上で八〇〇〇メートルというと、船に乗っている者からすれば呼べば答えるほどの距離感である。陸上ならば、せいぜい一〇〇〇メートルほどの感覚に相当するだろう。東郷や秋山、それに参謀長の加藤友三郎にとってはすべて予定の運動だったが、「三笠」艦長の伊地知彦次郎にとって敵前至近の大回頭はさすがに意外だった。すれちがいながら砲撃しあう反航戦になると予想していた伊地知は、加藤の「取舵《とりかじ》一杯」の指示に対して「えっ、取舵になさるのですか」と反問する。ちなみに「取舵」とは艦首を左に回して針路をとることで、右の場合は「面舵《おもかじ》」である。通常は舵輪《だりん》をそれぞれ一五度回すのだが、「取舵一杯」ならば三〇度の急激な左回頭をいう。

一般に多くの書物で、このとき同航・反航について艦橋上で論議があったとされるが、真相は、このような経緯であったはずである。

海軍軍令部の公刊戦史は「戦策」にまったく触れず、実情を知る者もこれを伏せていたのだから、太平洋戦争に敗退するまではもちろん、戦後の戦記物においても、東郷が日本海海戦の現場に臨んで即断したように書かれるのは、当然と言えば当然のなりゆきであった。

『極秘海戦史』が記録する「戦策」

一般に知られることのなかった「戦策」の内容は『極秘海戦史』第一部巻二に掲載されている。『極秘海戦史』は、東郷が開戦直前の明治三七年一月九日、ロシア艦隊と洋上で対決する場合における戦法を策定し、これを各部隊の戦闘任務、戦闘陣形および戦闘速力、戦闘中の通則、戦闘序列および陣列、戦闘の開始および運動の要領などにまとめて麾下《きか》の将校に示した、との説明に続き、

「本戦策ハ、我ガ聯合艦隊ノ全部ガ略《ほぼ》均整ノ敵艦隊ト洋中ニ遭遇シテ之ト決戦スル戦法ノ綱領ヲ予示スルモノナリ」

という書き出しで、その全文を収録している。ここで全部を紹介する余裕はないのでさわりだけにとどめるが、現在は防衛研究所の史料庫に保管されており、見たことがある人はきわめて少数に限られているので、原文を忠実に引いておくのが適当だろう（ただし旧漢字・急仮名遣いは適宜改めた）。

書き出しに続いて「戦策」はこう記す。

「固《もと》ヨリ作戦ノ状況ハ、彼我執ルトコロノ戦略ニ準ジ変化シテ窮《きわま》リ無ク、常ニ必ズシモ海上ニ正々ノ対抗ヲ期ス可《べか》ラザルヲ以テ、予《あらかじ》メ未然ヲ推測シテ精細ノ策定ヲ置クコト難シ。故ニ茲《ここ》ニ指示スルトコロハ、単ニ全隊ノ戦闘ニ於テ各部隊協同動作ノ鎖鑰《さやく》トシテ欠ク可ラザル必須ノ事項ノミヲ掲グルニ過ギズ。若《も》シ夫《それ》現実ニ敵ト対面スルニ至レバ、時ノ情勢ニ準ジ、尚臨機示令スルト

コロアルベシ」

「作戦の状況は敵味方の戦略に準じて変化するものだから、あらかじめ推測して詳細な作戦計画を定めるのはむずかしい。したがってここに指示するのは、単に全隊の戦闘における各部隊の協同動作の要点として必要不可欠な事項のみを掲げた。もし現実に敵と遭遇した場合には臨機応変に指示する」ということであり、いかにも東郷の経験に裏打ちされた姿勢が垣間見られる。

続いて「一、各部隊ノ戦闘任務」「二、各部隊ノ戦闘陣形及ビ戦闘速力」「三、戦闘中ノ通則」「四、戦闘序列及ビ陣列」が示され、その後に問題の「五、戦闘ノ開始及ビ運動ノ要領」が説明されている。

「前項ニ指示スル陣列ヲ保持シテ敵ニ近接シ、已《すで》ニ戦闘距離ニ入ラントスルニ至レバ、総指揮官ハ戦闘旗（割注・大檣頭ニ軍艦旗）ヲ掲ゲテ戦闘ヲ令ス。是ニ於テ第三駆逐隊及ビ千早、竜田ハ（敵駆逐隊等ノ来襲ナキ限リ）転回シテ後方ニ退キ、戦隊ノ針路ヲ開キ、爾余ノ各駆逐隊及ビ水雷艇隊ハ非戦側ト認ムル方ニ転位シ、各戦隊ハ序列ヲ解キテ各自ノ戦闘速力ニ増速シ、左ニ記スルガ如ク行動ス」

戦闘旗が揚がったならば、前方で偵察にあたっていた第三駆逐隊は後方に退いて、第一戦隊以下は序列を解き、次のように行動せよ、ということである。

「(1)第一戦隊ハ最攻撃シ易キ敵ノ一隊ヲ選ビ、其ノ列線ニ対シテ左記ノ如ク（丁）字ヲ画キ、可成的敵ノ先頭ヲ圧迫スル如ク運動シ、且臨機適宜ノ一斉回頭ヲ行ヒ、敵ニ対シ丁字形ヲ保持スルニ力《つと》メントス。而《しこう》シテ此ノ当初ノ攻撃点ハ必ズシモ敵ノ主力ヲ目掛ケズシテ、其ノ時ノ敵ノ隊制ニ応ジテ最我ガ攻撃ニ有利ト認ムル点ヲ選ブモノト知ルベシ。然レドモ、我斯ク運動スレバ敵モ亦相応ノ運動ヲ執ルベキガ故ニ、結局遂ニ彼我相並航スルカ、或ハ反航スルニ至ルベシト予期セザル可ラズ。然ルトキハ敵ト適当ノ戦闘距離ヲ保持スルタメ、臨機四点以内ノ一斉回頭ヲ行ヒ、或ハ戦闘側ヲ変ズルタメ一六点ノ一斉回頭ヲ行フコトアルベシ」

当時は角度を「点」という単位で示していた。九〇度が八点に相当する。したがって四点は四五度、一六点は一八〇度（反転）を意味する。

第一戦隊はもっとも攻撃しやすい敵の一隊を選んで丁字を画き、敵を圧迫しながら丁字形を保持するように針路をとる。すると、これを避けようとする敵の運動によって並航または反航になると思わなければならない。そこで適当な戦闘距離を保持するために、四点または一六点の一斉回頭を行う。日本海海戦当日の東郷の作戦を検討すると、まさしくこの「戦策」の規定どおりに行動していることがわかる。

「(2)第二戦隊ハ第一戦隊ノ当レル敵ヲ叉撃、又ハ挟撃スルノ目的ヲ以テ、敵ノ運動ニ注意シ、或ハ第一戦隊ニ続航シ、或ハ反対ノ方向ニ出テ、左図ニ示スガ如ク可成的第一戦隊ト共に敵字ヲ画クノ方針ヲ以テ機宜ノ運動ヲ執り、我ガ両戦隊ノ十字火ヲ以テ敵ヲ猛撃スルニ努ムルモノトス

斯ノ如ク戦闘ヲ開始シタル後ハ、第一及ビ第二戦隊ハ特ニ攻撃ノ主従ヲ定メズ、時ノ勢ニ準ジ

テ両隊交々《こもごも》主撃、従撃ノ位置ニ立チ、相呼応シテ一敵ニ対シ猛烈ナル協力攻撃ヲ為シ、順次ニ敵ノ他隊ニ及ボス。要ハ、唯個々ニ敵ヲ選バズシテ敵ノ一部ニ我ガ全力ヲ集中スルニアリ」

第二戦隊の運動がいわゆる「乙字戦法」である。

「戦策」はこのあと、第三戦隊以下の運動について述べ、次のようにも記している。

「又敵ノ艦船四散シテ敗走スルニ至レバ、適宜小隊単位ニ分離シテ飽ク迄モ之ニ追尾シ、夜陰ニ乗ジ轟沈スルヲ力《つと》メ、時宜ニ依リ、敵ノ軍港附近ニ先廻リシ、其ノ帰来ヲ待テ襲撃ヲ果スモ可ナリ」

日本海海戦で勝敗がほぼ決した後の日没後の行動についても、「戦策」はあらかじめ規定していたわけである。

丁字戦法の採用者

以上のように、連合艦隊はロシアのバルチック艦隊に対し、丁字戦法で戦うことをあらかじめ決めていたのである。

ではこの丁字戦法の起源はどこにあるのだろうか。この問題については議論百出の状態である。もともとイギリスの戦術書にアルファベットの「T字戦法」があり、日本海軍がこれを参考にしたとの説があるが、しかし信頼できるだけの根拠が示されていない。日本の中古（中世）水軍の軍書に、「戦のはじめにあたり、まず敵の先頭に味方大勢かかり、これを撃ち沈むべし。しからば敵全軍の兵気をくじく」などとあるので、古来からの日本水軍の戦法だったとの議論もある。

また日清戦争の決戦となった黄海海戦のとき、伊東祐亨の率いる優速（速度に優る）で単縦陣の連合艦隊が、丁汝昌《ていじょしょう》の率いる劣速で横陣の清国北洋艦隊の周囲を回って砲撃し、勝利を収めたので、このときから日本海軍部内で、この戦法の優秀性の認識が生まれてきたとの議論もある。

とはいえ、だれの影響によって丁字戦法が日露戦争で採用されるようになったか、という点では一般に秋山真之であるとの意見が圧倒的であろう。秋山はのちに連合艦隊首席参謀に昇格したが、「戦策」の策定時には作戦参謀で、直接の担当者であった。そのため、秋山が丁字戦法を考案し、「戦策」中に記したとするのは不自然ではないように思える。私もながく、そのように考えていた。昭和六〇年（一九八五）に出版された『海戦史に学ぶ』のなかでも、その趣旨で記述している。

しかしその後、この点について関心を持ちつつ検討を続けた結果、いまでは「戦策」でそのように書かせたのは東郷自身であると信ずるようになった。

その根拠を示してみよう。

海軍軍令部長の伊東祐亨は、明治三六年（一九〇三）一二月一五日、東郷に対して私信を寄せた。そのなかで伊東はロシア海軍の戦略を推定するとともに、東郷の意見を求めている。東郷は書簡で答えたのだが、まずはじめに、

「主力を旅順に、支隊をウラジオに配備するのは確実と考える。もし両艦隊が出撃してくれば、わ

れの希望するところできっと勝利をうることができよう」と述べ、その末尾を次のように結んでいる。

「彼我大艦隊を以て雌雄を決することとなれば、之に対する我が戦策は、三十三年特命検閲の際、上答せるものと大差なきものにて可なり」と。

この伊東と東郷との往復書簡は「私信」とされているのだが、日露戦史が編纂された際には、公信に準ずると考えられたのだろう。この往復書簡は『極秘海戦史』に記録されている。

東郷は明治三三年五月から翌年一〇月まで、第一回目の常備艦隊司令長官を務めた。前述したように連合艦隊司令長官の予定者として明治三六年一〇月に、二度目の常備艦隊司令長官になっている。私は伊東・東郷間の往復書簡が『極秘海戦史』に収録されているのを知ってから、そこに記載されている明治三三年の特命検閲のことを調べはじめた。

幸いなことに、明治三三年常備艦隊特命検閲の一件書類は、『極秘海戦史』と同じく、防衛研究所史料庫に残存していた。海軍大臣だった山本権兵衛をはじめ、伊東や東郷のサイン、印鑑のある第一次史料が、部厚くつづられていたのである。

このときの検閲使は伊東軍令部長で、検閲は一一月七日から一八日まで舞鶴軍港および付近海面で実施された。第一に述べられている検閲の目的は次のようなものである。

「此検閲は実戦に応ずる艦隊諸般の準備を実現し、併せて司令長官以下諸員に就き、其所掌の事項を試問し之を検す」

この検閲は、いわばリハーサルであり、テストでもあった。初日には舞鶴軍港に在泊中の旗艦「敷島」艦上で伺候式があった。そのあと伊東から、東郷ほかへの試問が行われている。東郷の答弁内容そのものについての記録を探したが、それは見つからなかった。

しかし、前述した伊東への書簡中で東郷が述べている「日露大艦隊が雌雄を決する場合の戦策」についての上答が、検閲のあった明治三三年一一月七日に行われたのは、ほとんど確定的であろう。東郷から伊東に宛てた返信の日付は『極秘海戦史』では欠けている。伊東の往信が明治三六年一二月一五日付であるから、返信は同年一二月中旬から遅くとも一二月下旬と考えてさしつかえないであろう。なお『聖将東郷全伝』第一巻（国書刊行会・一九八七）には一二月二〇日とあり、これが確かと思われる。丁字戦法の採用を明記した明治三七年一月九日付の「戦策」が印刷される直前である。

東郷が決戦に臨む際の戦策について、明治三三年一一月七日に行われたと信じられる「上答」と大差ないと書いているのだから、丁字戦法の採用は東郷の頭脳のなかで、検閲以前から昇華していたと考えるのが妥当であろう。

丁字戦法を考案した男

丁字戦法を採用したのが東郷であるとしても、ではこの大胆な戦略を最初に考案したのはだれかという謎が残る。

通説では、やはり秋山真之が考案したものとされている。『坂の上の雲』にも、「丁字戦法の考案は、秋山真之にかかっている。真之がかつて入院中、友人の小笠原長生の家蔵本である水軍書を借りて読み、そのうちの能島《のじま》流水軍書からヒントを得たもの」（『運命の海』）とある。しかし、事実はどうであろうか。

東郷は若いときから実戦経験も豊富だったが、同時に研究熱心だった。明治二九年から同三一年にかけて、二度にわたり海軍大学校長をも務めている。

東郷は校長時代、カリキュラムのなかで歴史教育を重要視し、「中古・近世史の要略」「近世外交史」を教育するよう定めた。また戦史教育をはじめて採用し、さまざまな海戦の原因・戦況・結果を基礎として、戦略・戦術の特質を研究するように指示している。

東郷が築地の静かな校長室で、自分の実戦経験を思い起こしながら、中古の水軍書を読んだことは想像に難くない。彼の学生に対するカリキュラムの決定をみても、このように考えるのは自然なことである。水軍書には、

「全力をもつて争うべし」
「人を致して人に致さるるな」
「まず敵の気を奪うべし」
「散舟その志を一にすべし」

「戦のはじめにあたり、まず敵の先頭に味方大勢かかり、これを撃ち沈むべし。しからば敵全軍の兵気をくじく」

などが強調されているのだが、ここで想起すべきなのは、東郷がバルチック艦隊を迎える直前、連合艦隊に対して行った訓示である（第五章107ページ参照）。その内容はまさに水軍書の説くところと符合している。

東郷はまた校長室で、中国の孫子、ドイツのクラウゼビッツ、アメリカのマハンなどの著名な軍学者・戦術研究家の著書を熟読したと考えなければならないのも当然だろう。当時刊行されたばかりのロシアの海将マカロフの『海戦論』が、このときに東郷自身の手で筆写され、日露戦争中の旗艦「三笠」長官室に置かれていたのは有名な話である。

東郷の波瀾にとんだ実戦の経験が、この海軍大学校長時代に整理されて昇華し、彼の体内に吸収されていったわけである。

では、東郷が最初に丁字戦法を考案したのだろうか。

ここに興味深い史料がある。

戦後、海軍大将・山梨勝之進が海上自衛隊幹部学校において行った講話である。

山梨の講話は、彼の死後、同校関係者によって整理・編集され、昭和四三年（一九六八）に『山梨大将講話集』として海上自衛隊内に配布された。さらにその後、昭和五六年には『歴史と名将』（毎日新聞社）の書名で刊行され、広く読まれることになった。

山梨が海軍兵学校を卒業して遠洋航海の後、海軍少尉に任官したのは、明治三二年、戦艦「八島」に乗り組んだときであった。翌三三年にはイギリスに発注していた新鋭艦「三笠」を回航する委員となっている。山梨はそのころの艦隊生活を懐かしげに回想したうえで、学生たちにこう話している。

「そのころ、山屋他人《やまやたにん》さんが、いわゆる丁字戦法を編みだしました。……

またそのころ、秋山真之さんがアメリカから帰ってきて、アメリカの戦略・戦術・戦務の考え方をとり入れて、日本海軍の戦略・戦術・戦務というものの基礎を築いたものであります。

私は、山屋さんが丁字戦法の最初の主唱者であったと記憶しております」（『歴史と名将』）

山梨の証言を信ずるかぎり、山屋他人という軍人こそ、丁字戦法の考案者だったということになる。のちに第一艦隊兼連合艦隊司令長官をつとめる山屋他人は、慶応二年（一八六六）、南部（岩手県）藩士の子として盛岡に生まれた。他人、という珍しい名前は、母が四一歳と高齢のときの子であったため、当時の風習としては忌み嫌われて捨て子か養子に出されるところを、両親が「他人」のつもりで育てようと命名されたのだという（『山屋他人――ある海軍大将の生涯』盛岡タイムス社）。

明治一九年海軍兵学校を卒業（一二期）し、同二一年に海軍少尉に任官。大尉に昇進した後、同二七年に仮装巡洋艦「西京丸」航海長として日清戦争に従軍した。同二九年、海軍大学校に入学、翌年に卒業して少佐となる。そして同三一年五月から三五年七月まで海軍大学校で教官を務め、その後常備艦隊参謀、「初瀬」副長、「秋津洲《あきつしま》」艦長を経て大佐に昇進、日本海海戦には「笠置」艦長として参加している。

山屋が日清戦争の黄海海戦に参加したとき、「西京丸」には海軍軍令部長・樺山資紀《かばやますけのり》が乗っていた。海戦を見学するためなのか、あるいは督戦《とくせん》するためなのか、その意図はわからないが、ともかく山屋は樺山とともに、日本の優速な単縦陣の連合艦隊が、清国北洋艦隊を打ち破った海戦の一部始終をその目で実見したことになる。

また、山屋が第二期の将校科学生として海軍大学校に学んだとき、校長は東郷であった。さらに東郷が二度目の大学校長のポストにあったときには、教官を務めている。

山屋が丁字戦法の最初の考案者であったとする山梨勝之進の記憶は信じてよいと考えるが、そうだとすれば東郷は、山屋の戦術思想の推移をかなりよく知っていたはずである。

また秋山真之がアメリカからの帰朝命令を受けたのは明治三三年五月で、常備艦隊参謀となったのは同年一〇月、海大教官になったのは山屋と入れ替わりの同三五年七月であった。

これらの事実も、東郷の頭脳のなかで明治三三年一一月の特命検閲の以前から丁字戦法の採用が昇華しており、東郷が主導して明治三七年一月九日付の「連合艦隊戦策」に結実した、との論を補強するものであろう。

リハーサルでの度重なる失敗

劇場や舞台が立派で、またいかに脚本や俳優がすぐれていても、リハーサルなしのぶっつけ本番では、名演技をやってのけるのはむずかしい。

東郷が日本海海戦という檜舞台で、丁字戦法によるバルチック艦隊の撃破という名演技を披露できたのは、数度にわたるリハーサルを行ったからにほかならない。

しかし、それは失敗の連続だった。

明治三七年五月一五日、第一戦隊の戦艦「初瀬」「八島」が旅順港外でロシアが敷設した機雷に触れて沈没した後の六月二三日、ウイトゲフト少将の指揮する旅順艦隊が決戦を求めて出撃してきた。極東総督アレクセイエフの命令により、艦隊をウラジオストックに回航する意図のもと、全艦が早朝に出港したのである。

午前五時四〇分、哨戒していた日本の第一駆逐艦が旅順艦隊を発見し、裏長山《りちょうざん》列島で仮泊していた連合艦隊に報告が入る。午前八時二〇分、東郷は「三笠」「朝日」「富士」「敷島」の第一戦隊を率いて仮泊地を発し、遇岩の方向に進んで艦隊を集結させた。遇岩は旅順港口南東二三カイリにあり、目立った目標となる。この日は快晴、南の微風で海上は平穏だった。

午後四時に遇岩の南方に達し、その後西南西に進んだが、敵は発見できない。五時三〇分に反転し、六時に「日進」「春日」を第一戦隊に合同させた。はじめて敵艦隊を遇岩の北西八カイリに認めたのは六時一五分である。

敵はウイトゲフトの座乗する戦艦「ツェザレウィッチ」を先頭とし、戦艦六隻を前方に、巡洋艦四隻を後方に配置する一〇隻の単縦陣で、巡洋艦「ノーウィック」と駆逐隊を右側に伴い、南方に航進していた。

そこで東郷は、丁字戦法による決戦を企図し、午後六時三〇分に反転を開始、敵を右に見て、ふたたび西南西に針路を取った。第三戦隊が左前方に、第六戦隊が左後方に占位し、七時二〇分、一二ノットから一四ノットに増速して敵の前方に出ようとする。七時三〇分、距離は一万四〇〇〇メートル以内となった。

ウイトゲフトは、「初瀬」「八島」が沈没しても日本艦隊がまだ予想以上に強力なことを知り、東郷の企図を見抜いて次第に針路を右にとった。東郷も速力を増して右転しつつ敵の先頭を圧迫しようとする。

しかし午後八時、敵はにわかに北方に反転して旅順に引き返しはじめた。東郷は八時〇八分、右八点に一斉回頭して横陣で追撃したが、日没も近く、敵を逃がしてしまう。あとは駆逐隊・水雷艦隊の夜間襲撃を命ずるだけで、第一回目のリハーサルは失敗に終わってしまった。

旅順の背後から乃木希典率いる第三軍の攻撃が進展すると、本国から皇帝ニコライ二世による直々の命令を受けた旅順艦隊は、八月一〇日、ウラジオストックへ脱出するためにふたたび大挙して出撃してきた。

「三笠」に座乗する東郷は、その朝、第一戦隊の戦艦四隻を直率して、旅順口の東南東四五カイリにある円島の北方にいた。

敵艦出港との報により、午前八時五〇分、まず一〇ノットの速力で遇岩に向かい、艦隊の集合を命じる。第三艦隊司令長官の片岡七郎中将は、このとき「日進」に座乗し、「春日」とともに午前一一時三〇分、東郷と合同した。

東郷は遇岩の南方に達した午後零時三〇分、遇岩の北西約一〇カイリに敵を発見する。ロシア旅順艦隊は、前回のようにウイトゲフトの座乗する「ツェザレウィッチ」を先頭に、戦艦六隻・巡洋艦三隻が続く九隻の単縦陣で、ほかに「ノーウィック」と駆逐艦・病院船をともないながら南東に航進していた。

東郷はこのとき、敵の目的地がウラジオストックであることを知らなかったため、前回のように旅順に逃げ帰らせてはならないと考えた。そこで「三笠」「朝日」「富士」「敷島」「春日」「日進」の順に単縦陣で、まず一四ノットで敵の前方を通り、敵を洋中に誘致しようとして左八点に一斉回頭し、横陣で南南東に進んだ。

しかし、皇帝の勅命を受けてウラジオストックをめざすウイトゲフトは、もちろん東郷を追わずにもっぱら南東に進み、むしろ東がかりの針路をとった。東郷の当てがはずれたのである。そこで東郷は午後一時〇八分、さらに左八点に一斉回頭し、「日進」を先頭に逆番号単縦陣となって東北東に進む。ここで相互に一万メートルの遠距離砲戦となった。

一時二五分、東郷は決意を固め、左二点に方向変換して北東に向かい、敵の先頭を圧迫しようとした。丁字戦法の採用である。

しかし、ウイトゲフトはその手に乗らなかった。針路を右転して南方に向かい、第一戦隊の後方に逃げようとした。黄海海戦の第一段階で敢行した東郷の第二回リハーサルもこうして失敗する。

この日は快晴で南の風風力一ないし二、海上には薄いもやがあって七〜八カイリの視界しかなかったが、波は穏やかで海戦には適当な天候であった。

黄海海戦でも成功せず

ウイトゲフト率いる旅順艦隊が東郷の誘いに乗らず、第一戦隊の後方に進航したため、丁字戦法の実行に失敗した東郷は、それでもすぐに気を取り直した。

八月一〇日午後一時三六分、第一戦隊の六隻に右一六点の一斉回頭を令し、ふたたび「三笠」を先頭とする順番号単縦陣となって、南西に急航する。速度は一四ノットであった。

敵の陣列に対して「戦策」における脚本どおりの丁字を描き、六〇〇〇ないし八〇〇〇メートルの射距離で敵の先頭艦に砲火を集中する。その瞬間には丁字戦法が成功するかに見えた。しかし、ウイトゲフトは先頭からふたたび左転を始め、南東に向かって第一戦隊の後方に逃げようとする。その陣形は波状に乱れ、戦艦列と巡洋艦列が重なり合った。

東郷は右転して敵艦隊を包囲するように攻撃しようとするが、敵はもっぱら戦闘を避け、南東に向かって逃走する。ここで敵艦隊の目的がウラジオストックへの脱出であるのを確認した東郷は、ふたたび右に転回して敵の前方をさえぎろうとするが、時機を失ってしまった。両艦隊はほぼ並行となり、しかも東郷のほうが遅れている。東郷は追撃した。

「三笠」は敵の戦艦列の中央と相対していた。敵は針路を次第に左に転じ、距離は遠くなる一方だった。午後三時二〇分、東郷は砲撃を中止するほかなかった。

三時三二分、東郷は一五ノットに増速して追撃するが、ようやく「ツェザレウィッチ」を七〇〇〇メートル以内にとらえて砲撃を開始できたのは、五時三〇分になってからだった。

このあとの展開は前述のとおりである。六時三七分、「三笠」の前部砲が発射したと信じられる一二インチ砲弾が敵旗艦の司令塔付近で爆裂し、ウイトゲフトと大部分の幕僚を戦死させ、艦長を負傷させた。「ツェザレウィッチ」の舵は左一杯に回って止まり、旗艦が自分たちの艦隊の列中に突入してロシア側は大混乱に陥った。日本側にとっては思いがけない幸運であった。

ここで敵艦隊は、あきらめて旅順に帰ろうとする。東郷は接近して包囲攻撃し、そのあと駆逐隊・水雷艇隊による夜戦となるが、敵艦隊の戦艦五隻ほかは撃破されて旅順にもどり、「ツェザレウィッチ」ほかは膠州湾《こうしゆう》に、ほかの一部は上海、サイゴン、樺太方面に逃走した。

この黄海海戦によって旅順艦隊はふたたび出撃する力を失ったわけだが、それは「戦策」による丁字戦法が成功したためではなく、多分に東郷が持っていた幸運によるものであった。運命的な「三笠」の一弾がなければ、旅順艦隊の大部分がウラジオストックに脱出できた可能性は高いのである。第二回目失敗の直後に敢行されたこの第三回リハーサルも成功とはいえない。

シナリオの再検討

三回にわたる丁字戦法のリハーサルは、ほぼすべて失敗に終わったが、日本海海戦に先立って唯一丁字戦法が成功した例がある。だがそれは皮肉にも、東郷直率の艦隊ではなかった。

第二艦隊司令長官・上村彦之丞中将が座乗する装甲巡洋艦「出雲」以下四隻の第二戦隊が八月一四日、対馬海峡方面に南下してきたウラジオ艦隊と対峙し、「ロシア」ほかの装甲巡洋艦三隻を迎撃した蔚山沖海戦でのことである。参謀長は加藤友三郎であった。

上村は、まず「リューリック」を撃破し、その後、再度にわたって丁字戦法を活用しながら「ロシア」「グロモボイ」をも撃破した。司令官エッセンが列外に落伍する「リューリック」を援護しようとしたため、上村は東郷よりも丁字戦法を活用する機会に恵まれた結果となっている。

旅順が陥落して、連合艦隊がバルチック艦隊を迎撃するために、鎮海湾で猛訓練に励んでいるとき、東郷はリハーサルの失敗を踏まえ、念を入れて脚本の再検討を行った。その戦術眼は、黄海の洋上でさらに磨きがかけられていた。

丁字戦法の採用を明記した明治三七年一月九日付の「戦策」は、同三八年四月一二日、新しい「連合艦隊戦策」として改めて決定され（聯隊機密第二五九号）、四月二一日（第二五九号の二）と五月一七日（同三）、二一日（同四）に改正と追加があった。

第一戦隊のみによる戦闘は丁字戦法、第一、第二戦隊の協同戦闘は乙字戦法によることは、まったく変化がない。

旧戦策では丁字戦法を採用すると、やがて並行戦になるであろうことを、「然《しか》れども、我斯《か》く運動すれば敵も亦《また》相応の運動を執《と》るべきが故に、結局遂《つい》に彼我相並行するか、或《あるい》は反航するに至るべしと予期せざる可らず」と示していた。

新戦策ではリハーサルの経験から、丁字・乙字戦法採用の「注意」事項として、「彼我の運動に依り、長く丁字乙字を保持すること難《かた》しと雖《いえど》も、適当の時機に一斉回頭正面変換を適用するときは、或時間は此《こ》の好位を保つを得べく、而《しこうし》て此の間に我が砲火の最大力を発作せしむるを要す」と示し、さらに次いで生起する持続戦（並行・反航）をも重要視していた。

戦闘開始まで、連合艦隊は特令がなければ一五ノットで航進する第一戦隊を中心に戦闘序列を保持する。「三笠」のマストに軍艦旗が掲げられたとき、戦闘が開始される。各戦隊は序列を解いて戦闘動作に移り、第一と第二戦隊が敵の主力を撃滅する。第三、第四戦隊は敵の巡洋艦以下を撃破し、第五、第六、第七戦隊は総予備となって敵の孤立艦を撃滅する。夜戦の魚雷攻撃は駆逐艦・水雷艇隊の任務である。

さらに当時、日本海軍は秋山の着想になる連繋《れんけい》水雷（四個の機雷をマニラ索で一〇〇メートル間隔につなぎ、敵艦の針路上に横切って投入する）を兵器に採用した。既述のように軍令部は潜水艇母艦「韓《から》崎《さき》丸」を改造し、連繋水雷投下装置を設置して青森港に配備して、津軽海峡防衛に当てていた。新戦策では、駆逐隊・水雷艇隊の日没直後の魚雷攻撃に次いで、翌朝まで連繋水雷攻撃が展開される内容となった。昼戦《ちゅうせん》の戦闘開始劈頭《へきとう》にも、連繋水雷利用の奇襲が企図され、奇襲隊の編制は装甲巡洋艦「浅間」・第一駆逐隊・第九艇隊で、指揮官は「浅間」艦長とされ、日本海海戦当時は八代六郎大佐であった。

東郷は三度のリハーサルで、常に敵を逃す失敗をおかした。今度は敵を逃すわけにはいかない。そのためにはどうしたらよいか。東郷の頭脳は「敵が逃げられない狭い海面で、敵の真正面から決戦を挑むこと」であると結論する。

東郷は日本海海戦に先立つ一〇日前の五月一七日、鎮海湾で命令を発した。

「当地に集合せる第一、第二艦隊の諸隊は、敵の出現に応じてただちに出発し、対州北方において中央幹線上に占位し、敵の進行方向により機宜行動す。第三艦隊の主力も同時に出動し、敵を海峡内に誘致牽制すると同時に、敵を追躡《ついじょう》して、わが主隊に合するの目的をもって、とくに与えたる命令に基づき行動す」（傍点、筆者による）

こうして五月二七日の日本海海戦を迎え、東郷の檜舞台はすべて脚本どおりに進展していった。

山屋他人が考案し、東郷の脚色によって改訂が加えられた丁字戦法は、四回目の実戦において、はじめて成功し、世界の海戦史上における「奇跡」として、名を留めることになったのである。

第七章　その後の日本海軍――神格化された東郷と巨艦主義の敗北

連合艦隊の凱旋

五月二八日夕刻、東郷は、まだ戦果が明瞭でないこともあり、なおも残敵の追撃を続行しようとしたが、降伏艦の捕獲に手間取り、また天候も悪化しつつあった上に、捕虜の処置のこともあって追撃を中止し、前日の戦場掃除をしながらロシアの捕獲艦を警衛して佐世保に回航することにした。

五月二八日午後四時ごろ、東郷は片岡七郎・第三艦隊司令長官に対し、第五、六戦隊を率いて朝鮮海峡において逃走を図る敵艦船を警戒するように命じ、五時五〇分、上村彦之丞・第二艦隊司令長官には、捕獲艦「アプラクシン」「セニャーウィン」の二隻を率いて佐世保に回航し、佐世保鎮守府に引き渡すように命じた。そして第一艦隊は「ニコライ一世」「アリヨール」が航海準備を整えるのを待って、午後七時四五分、捕獲艦を引き連れて佐世保に向かったのである。

「ニコライ一世」は三〇日に佐世保に到着したが、「アリヨール」は舷側破損が激しく、荒天に見舞われれば危険、ということで途中から回航先を舞鶴に変更し、三〇日、舞鶴港に到着した。また、第二艦隊が回航を担当した「アプラクシン」と「セニャーウィン」も同日、佐世保に入港している。

また、重傷のロジェストウェンスキー中将を乗せた「ベドウイ」も捕獲され、「漣《さざなみ》」艦長の相馬恒三が「傷が重いので移動させないように」との軍医官らの懇願を許可して、大砲や水雷の要部を除去し、弾薬などを海中に投棄した上で、佐世保に回航した。ロジェストウェンスキーは佐世保入港後、同地の海軍病院に収容され、東郷の見舞いをうけている。

降伏したネボガトフ少将は、降伏条件に基づき、大本営経由でロシア皇帝に報告の電奏《でんそう》を許され、またロジェストウェンスキーも同様に報告を皇帝のもとに送った。

ロジェストウェンスキーの電奏については皇帝から慰労と武勇を讃える勅電《ちょくでん》が返されたが、ネボガトフには何の勅答もなかった。ネボガトフ以下の降伏将校らは皇帝の許可がなければ宣誓帰国はできないとして、しばらく捕虜収容所で過ごしている。やがてロシア皇帝から「ネボガトフ以下の宣誓帰国を准許《じゅんきょ》せず」との報せが入り、ネボガトフらは日露講和後、ほかの捕虜らとともに帰国した。

彼らは帰国後に官位を剝奪され、「敵艦隊に包囲されたとき、宣誓の義務を尽くさず、軍人の名誉を汚損し、海軍勤務令の規定に違反し、戦闘せずに軍艦旗を降ろして降伏した」という理由で軍法会議にかけられた。その結果、ネボガトフおよびスミルノフ、グレゴリエフ、リーシンの三艦長はいずれも死刑の宣告を受けたが、のちに特赦によって禁錮一〇年に減刑されている。

また、ロジェストウェンスキーら「ベドウイ」の乗員も、交戦せずに軍艦旗を降ろして捕獲されたという理由で軍法会議にかけられたが、ロジェストウェンスキー自身が降伏時に人事不省だったとして無罪を宣告された。

世界を駆けめぐった「日本勝利」

東郷平八郎司令長官は、五月二七日、二八日の二日間にわたるこの海戦を「日本海海戦」と呼称して、その戦闘報告を提出している。つまり、「日本海海戦」は東郷がはじめて用いた名称なのである。戦闘報告の詳細は『極秘海戦史』に収録されているが、東郷は末尾で「この対戦における敵の兵力は我と大差なく、敵の将卒もその祖国のために極力奮闘したと認められる。しかも我が連合艦隊がよく勝利を収め、前記のような奇績《きせき》を収めることができたのは、一に天皇陛下御稜威《ごりょうい》（みいつ）の致す所にして、もとより人力をもってよく成しうるものではなく、とくに我が軍の損失・死傷が僅少だったのは、歴代神霊の加護によるものと信仰するほかはなく、先に敵に対し勇進敢戦したる麾下の将卒も、みなこの戦果を見るに及んで、ただ感激の極み、言うべきことを知らないかのようである」と報告した。

日本海海戦における日本圧勝の報は、たちまち世界中を駆けめぐり、各国の新聞はきそって連合艦隊の快挙を讃えた。

日本と同盟関係にあったイギリスでは、ちょうどトラファルガー海戦の百周年にあたることもあり、五月三〇日付『ザ・タイムス』は日本海軍の勝利を称賛したうえで、次のように論評している。

いまやロシアは海軍国たる地位を失った。敗残の艦艇の一、二隻をウラジオ艦隊に加わることは考えられるが、それらわずかの艦船と黒海艦隊を除けば、ロシアにはいまや軍艦と呼べるものはなく、世界の四等海軍にも劣るものとなった。ロシアの港を侵略しようとするものがあっても、これを駆逐することは到底不可能であろう。ロシア皇帝は敗北を認め、いまは国内の治安改善に力を尽くすべきであろう。ロシア国内情勢は今回の敗北で一層風雲急を告げている。もちろんロシア皇帝としてもあらゆる対策を講じたであろうが、万策つきた今となっては、さらに戦争を続けるならば、ただ東洋におけるその地位を失うにとどまらず、ヨーロッパにおいても同様の結果となるであろう。

アメリカでは五月二九日付『ワシントン・タイムズ』が、「ロシアの敗北は文明の勝利である」として、ロシアのツァーリズム（絶対王政）を批判しながら、次のように書いている。

……今回の戦争において多大の人命が失われたことは世界をあげて悲しむところである。しかし世界は、この人命損失の責任を決してロシア民衆に対して問うものではない。責任を負うべきは、傲慢怠惰《ごうまんたいだ》のロシア統治者である。世界はロシア民衆に同情の念を表し、その前途に望みを託すだろう。そして小軀《しょうく》勇戦の日本人に対しては、その武勇を讃え、戦略の巧みさに驚嘆し、万歳を唱えるところである。

また、五月三〇日付『ニューヨーク・サン』は、こう記す。そこには日清戦争後に巻き起こった黄《こう》禍《か》論が再燃する萌芽もほの見える。

新式戦艦が現在のように発展し、新式海軍兵器が実用化されてから、実地によって試されたのはこれが初めてである。しかも日本は、新式の戦艦が堂々と渡り合う海戦においては互いに損傷を受けるという定説を打ち破る勝利を収めた。ヨーロッパ諸国のなかではるかに抜きんでた海軍力をもつイギリス以外に、日本に対してロシア以上に戦える国が果たしてあるだろうか。しかも、このまま日本が発展を遂げていくならば、近い将来、イギリスといえども日本の後塵を拝するようになるだろう。

凱旋観艦式

日露戦争は、アメリカ大統領セオドア・ルーズベルト大統領の勧告によって八月にポーツマス講和会議が開かれ、日本全権・小村寿太郎《じゅたろう》とロシア全権・ウィッテの間で条約が調印されて終息した。この年の初めの旅順陥落にともなって起きた「血の日曜日事件」という革命の発端に加えて、日本海海戦での決定的な敗戦によりロシア軍の士気は完全に喪失していたし、日本も軍事的・財政的には戦争を遂行する能力の限界に達していたため、賠償その他の要求を放棄してポーツマス条約は成立したのである。

しかし、一般国民や政治にうとい軍人たちは、日本のそうした窮状を理解できなかった。彼らはポーツマス条約を国辱として、全権・小村寿太郎邸に投石したりした。それはともかく、日本海海戦の完勝は日本人に大国意識を芽生えさせ、陸海軍の「不敗の神国日本」という信仰的な傲慢さを助長させていったことは否定できない。

明治三八年（一九〇五）一〇月二三日。その日は秋空に雲が多いが、北から吹く微風がさわやかであった。明治天皇は午前八時すぎに皇居を発し、新橋停車場から御召《おめし》列車に乗って午前九時二〇分、横浜停車場に着いた。横浜停車場はいまの京浜東北線・桜木町駅にあたる。天皇の来駕《らいが》は、この日行われることになっていた連合艦隊の凱旋観艦式にのぞむためであった。

当時の横浜港には東波止場と西波止場があった。西波止場には幕末に設置された運上所を前身とする税関があり、天皇はそこに入って、連合艦隊司令長官・東郷平八郎の拝謁を受けた。内港には装甲巡洋艦「浅間」が、太平洋郵船会社の浮標に係留されており、その艦上には参謀長・加藤友三郎と首席参謀・秋山真之が待機している。

やがて、軍楽隊の嚠喨《りゅうりょう》とした奏楽のもと、天皇は西波止場から「浅間」の艦載水雷艇に乗り、海軍大臣・山本権兵衛と海軍軍令部長・伊東祐亨が陪乗《ばいじょう》する。

西波止場にはすでに延長七三〇メートルの大桟橋が完成していた。この築港工事が始まったのは明治二二年だが、竣工したのは日清戦争の下関条約による賠償金返還金七八万五〇〇〇ドルの資金的裏付けを得た後の、明治二九年五月であった。

天皇が波止場を離れるのをみると、「浅間」がまず二一発の皇礼砲を発する。ついで先導する通報艦「八重山」ほか四隻の供奉艦《きょうほうかん》（ぐぶかん）と、港外の本牧沖に整然と六列に並んで錨《いかり》を入れる一六五隻・三〇万八五〇七トンの参列全艦艇のうち、各軍艦がこれにならった。

満艦飾の各軍艦が発する殷々《いんいん》とした砲声は、外人墓地がある山手の丘を越えて起伏の多い横浜の街までこだましていった。午前一〇時一五分、「浅間」はマストに天皇旗を掲げ、錨をあげて港外まで出る。参列した全艦艇の乗員は甲板に整列し、各軍艦がふたたび皇礼砲を発するなか、「浅間」は参列艦艇の第一列に向かい、侍立《じりつ》する東郷は天皇に向かって、順次に各艦の履歴、戦闘状況、艦艇長以上の官氏名を報告する。各艦の乗員は君が代を吹奏し、万歳を三唱して最敬礼を行った。

天皇が第一列に並ぶ旗艦「敷島」、戦艦「富士」「朝日」などの大艦を左に見ながら進んでいるころ、「浅間」の針路の右側には、香港から駆けつけた同盟国イギリスのシナ艦隊旗艦「ダイアデム」ほか八隻の軍艦が第一列に相対して錨を入れ、祝意を表していた。イギリス駆逐艦数隻も列外にみえる。

ポーツマスでの日露講和条約調印を斡旋したアメリカも、祝賀のために軍艦「ウイスコンシン」を派遣しており、第一列の装甲巡洋艦「春日」「日進」に相対する位置に錨を入れている。

君が代の吹奏と万歳三唱が続くなか、第二列と第三列の間を通過しおわった「浅間」は、第一列先頭の「敷島」からやや離れて錨を入れた。

このとき、ふたたび全艦艇が万歳を三唱する。ついで各艦隊の司令長官・司令官・幕僚・司令・艦長・艇長、それに参列の将官と同相当官が、つぎつぎと「浅間」に参集する。彼らは直接、天皇の声を聞いた。

その日、天皇がすべての行事を終えて、皇礼砲の砲声に送られて西波止場に上陸したのは、午後三時二〇分であった。

まさに日本と日本海軍にとって、栄光の極みであった。

しかし、繰り返しになるが、この大勝利を機にやがて日本人は国際社会を生きていくなかで、自国を過大に評価する弊《へい》に陥ってゆき、太平洋を舞台に日米対立の時代へと動き出すのである。

その大きな要因が日本海海戦での勝利の過大視であり、その過大視化をおこなうために東郷平八郎の神格化がなされたことは否めない事実であった。

連合艦隊の解散

横浜港で行われた凱旋観艦式から四日後の一〇月二七日、天皇行幸《ぎょうこう》のもと浜離宮で連合艦隊の士官候補生以上と大本営幕僚、職員を招いた祝宴が催され、二九日には戦死した将兵の慰霊祭が青山墓地で挙行された。

その後、一二月二〇日をもって連合艦隊の編成は解かれ、新たに第一艦隊、第二艦隊、南清艦隊および練習艦隊が編成されて、翌二一日に連合艦隊の解散式が旗艦「朝日」で挙行されている。日本海海戦の際の旗艦「三笠」は観艦式に先立つ九月一一日、佐世保港内で爆発事故を起こし、沈没していた。この事故での犠牲者三三九人が日本海海戦の戦死者一一七名を上回っているのはまことに悲劇的である。

東郷は解散式で次のような訓示を述べ、「朝日」を退艦して上京している。

……我が連合艦隊は今やその隊務を結了してここに解散することとなれり。然れども我ら海軍軍人の責務は決してこれがために軽減せるものにあらず。この戦役の収果を永遠に全うし、なお益々国運の隆昌を扶持せんには時の平戦を問わず、まず外衛に立つべき海軍が常にその武力を海洋に保全し、一朝緩急に応ずるの覚悟あるを要す。かくして武力なるものは艦船兵器等のみにあらずして、これを活用する無形の実力にあり。百発百中の一砲能《よ》く百発一中の敵砲百門に対抗し得るを覚《さと》らば、我ら軍人は主として武力を形而上に求めざるべからず。（中略）神功《じんぐう》皇后三韓を征服し給いし以来韓国は四百余年間我が統理の下にありしも一たび海軍の廃頽するやたちまち之を失い、又近世に入り徳川幕府治平になれて兵備をおこたれば挙国米艦数隻の対応に苦み、露艦また千島樺太を覬覦《きゆ》（うかがいねらう意）するもこれと抗争すること能わざるに至れり。（中略）神明はただ平素の鍛練につとめ、戦わずしてすでに勝てる者に勝利の栄冠を授くると同時に、一勝に満足して治平に安ずる者よりただちにこれを奪う。古人いわく勝って兜《かぶと》の緒を締めよ、と。

この訓示は、アメリカにも伝わり、感激したルーズベルト大統領が英訳したうえで陸海軍への配布を命じたという。しかし、「最後の海軍大将」として知られる井上成美《しげよし》は後年、海軍大学校教官のとき、「百発百中の一砲能く百発一中の敵砲百門に対抗し得る」という点について、論理的ではないと批判している。

つまり、いかに百発百中でも、その一砲は敵砲一門を破壊するだけで、百発の弾丸のひとつでも当たれば結果は敵砲九九門が残るだけということなのだが、東郷が強調した精神主義は、やがて昭和の陸海軍に植えつけられていくのである。

東郷は一二月二〇日、海軍軍令部長となり、やがて日本の国防の基本を定めた国防方針・国防所要兵力・用兵綱領が決定される。海軍の作戦方針は機先を制する「決戦主義」となっていくのだが、東郷はその過程で「聖将」として、シンボライズされていくことになる。

司令官・参謀たちのその後

連合艦隊が解散した後、東郷は、軍令部長を経て軍事参議官となり、乃木希典とともにイギリスを訪問し、明治天皇の名代、東伏見宮依仁《よりひと》親王の随員としてジョージ五世の戴冠式に列席、アメリカ経由で帰国している。東郷は日本だけでなく、外国においてもすでに英雄視されていた。

ここで日本海海戦を戦ったその他の将校たちの後半生を語っておこう。

第二艦隊司令長官の上村彦之丞は、連合艦隊の解散後、横須賀鎮守府の長官となり、明治四〇年九月、男爵となった後、同四二年一二月、第一艦隊長官に任命され、同四三年一二月、大将となった。鹿児島生まれで西郷隆盛を信奉する上村は、斗酒《としゅ》なお辞せずの旺盛な体力を誇っていたが、同四四年一二月に軍事参議官となり、大正三年三月に後備役となり、同五年八月八日に六八歳で死去している。

日本海海戦直前の「三笠」における軍議で重要な役割を果たした第二戦隊司令官の島村速雄は、練習艦隊司令官をへて明治三九年一一月、海軍兵学校の校長となり、ハーグ万国平和会議に出席するため、同四〇年四月よりオランダに九ヵ月間出張した。帰国後、中将、海軍大学校校長となり、第二艦隊長官、佐世保鎮守府長官をへて大正三年に教育本部長、海軍軍令部長に就任している。人格者として国民にも人気があった島村は、同四年に大将、同五年に男爵となり、同九年に軍事参議官となって、事実上引退した。大正一二年一月に病没し、元帥を追贈されている。

北進論に反対したもう一人の人物、藤井較一は連合艦隊解散後、第一艦隊の参謀長となり、のち第一艦隊司令官、佐世保工廠《こうしょう》長を経て明治四二年に中将・軍令部次長となった。大正三年に佐世保鎮守府長官、同四年に第一艦隊長官、横須賀鎮守府長官を歴任し、同五年に大将、軍事参議官となる。軍政畑をほとんど経験しないまま、同九年に予備役となり、同一五年七月に死去した。

首席参謀・秋山真之の後半生については『坂の上の雲』にも詳述されるとおりである。海軍大学校の教官にもどった秋山は、爆沈事故後に引き揚げ修理された「三笠」副長をへて「秋津洲」「音羽」「橋立」各艦の艦長を歴任、大正元年、軍令部参謀兼海大教官となり、少将として海軍省軍務局長のあと、軍令部に出仕して欧米に出張した。同五年に帰国した後、第二水戦司令官、将官会議議員、中将となり、同七年に死去している。

秋山の追悼会が開催されることになったとき、追悼の辞を依頼された島村は、「自分がそれをすることになると、事によっては東郷元帥の偉勲に少しでも曇《くもり》を懸けることがあってはならぬと思うと、仲々にむつかしいから」(『元帥島村速雄伝』)という理由でいったん断ったという。結局、島村は講演を引き受けたのだが、日本海海戦から一三年を経て神格化されつつあった東郷に対する島村の胸中は複雑なものであったにちがいない。

また、丁字戦法の考案者と信じられる山屋他人は「笠置」艦長として日本海海戦に参加した後、軍用気球研究会委員、教育本部長兼海軍大学校校長をへて大正三年、第一艦隊司令官として第一次大戦に出征、同八年に海軍大将となった。その後、横須賀鎮守府長官、軍事参議官を歴任、同一二年に予備役となり昭和一五年に没した。なお、山屋は雅子皇太子妃の母方の曾祖父にあたっている。

連合艦隊参謀長の加藤友三郎は、もともと軍政畑が長かったこともあって、連合艦隊の解散後、海軍省軍務局長、明治三九年一月に海軍次官となり、同四一年八月に中将、同四二年一二月に呉鎮守府長官となった後、第一艦隊長官を経て大正四年八月、海軍大臣に就任している。後述するように、加藤寛治《ひろはる》海軍中将らの強硬な「艦隊派」と対立しながらも、ワシントン会議全権委員としてアメリカに赴き、対英米協調路線を選択、軍縮問題に柔軟で現実的な対応を貫いた。やがて首相兼海相として現実的なバランス感覚のもとに軍備縮小を実現させ、同一一年、折からの財政悪化もあり、日本海海戦の功労者を含む七五〇〇名を一気に整理した。陸軍も海軍にならわざるをえなかった。増大する一方の軍事費を抑え、大量のリストラを断行したわけであるが、翌一二年八月、首相在任中に直腸ガンで死去した。

日本海海戦においては東郷や秋山の名声に隠れた形ではあったが、加藤の存在は、むしろ日露戦争後の軍縮外交や内政面でクローズアップされたと言えよう。つまり海軍大臣を七年余も務め、対英米協調を推進した加藤の死は、東郷をかつぐ艦隊派と呼ばれる人々への抑えが利かなくなることを意味していた。

私設副官・小笠原長生

国民的英雄となった東郷は大正二年四月二一日、元帥となり、翌年四月一日から高輪の東宮御所で皇太子（昭和天皇）の教育を担当することになった。以後、七年間にわたって東宮御学問所総裁を務め、内定した皇太子妃の色盲遺伝をめぐる「宮中某重大事件」がおさまった大正一〇年三月一日、学問所の閉鎖とともに職を解かれている。

このころから東郷に接近したのが、学問所で幹事を務めていた小笠原長生だった。

小笠原は日清戦争中に巡洋艦「高千穂」分隊長として従軍し、同型艦「浪速」艦長だった東郷とはじめて交わっている。海軍軍令部では日清戦争・日露戦争の海戦史編纂に従事し、そのころから自分の文才を意識したのであろうか、東郷の業績を著しく美化した著作を発表しはじめた。

東郷に関する著作や記事は、当時から数えれば、それこそ「無数」と言えるほどだが、代表的な『東郷元帥詳伝』（一九二一）をはじめ、重要とされるものはすべて小笠原の手によっている。東宮御学問所の総裁と幹事という関係のころから東郷と小笠原の密着ぶりは衆目の一致するところで、小笠原は「東郷の私設副官」とまで言われたが、悪く言えば「腰巾着」的なところがあったのは否めない。

小笠原は、明らかに東郷の「偉勲」のみを強調した伝記を書きつづけているのである。東郷が死去した昭和九年五月三〇日、山本権兵衛の女婿である山路一善中将は、東郷邸で小笠原中将に面と向かって、

「閣下の東郷元帥に関する著書や講演のなかには、潤色が度に過ぎて誇大に失するものがあり、日本の歴史を誤るのではないかと憂える」

と述べたという。この言葉から改めて想起されるのは、日本海海戦の直前に連合艦隊司令部から海軍令部に向けて発信された二通の「北進電報」についてである。

前述したように、この電報はバルチック艦隊の位置が不明だった五月二四日の段階で、連合艦隊司令部が津軽海峡方面への移動を考えていたことを示す証拠なのだが、小笠原は海戦後、東郷からヒアリングしたとき、

「そんな電報は送らぬ」

と東郷が答えたことを、ことさらに強調している。

この問題の判定は、まるで再審に持ち込まれた刑事事件の裁判のようなもので、事実を証言できるのは東郷のほかは加藤友三郎と秋山真之の二人しかいない。電報の具体的な内容が『極秘海戦史』にしか記されていないとはいえ、明白な文書による証拠を、あとになってからの東郷の証言だけで否定

し、東郷はバルチック艦隊が一〇〇パーセントの確率で対馬海峡にくると考えていたと結論する小笠原の著述は、歴史学の方法論にはなじまないものである。

ことに臨んで、まったく迷いがないというのは、神様か狂信者だけだろう。小笠原は、その意図はどうあれ、東郷の「迷い」を意図的に消去し、無謬性を強調して東郷の神格化に手を貸したと言わざるをえない。

大艦巨砲主義の時代へ

晩年の東郷は、軍縮に反対する「艦隊派」の強力なバックボーンとして睨《にら》みをきかせていくのだが、裏面において理想化された東郷像をつくりあげたのが小笠原なら、むしろ表面において、日本海海戦勝利の理想を追いつつ東郷に密着していったのが昭和初期の軍令部長・加藤寛治である。

加藤は明治三年、福井藩士の子に生まれた海兵一八期で、日露開戦の初頭には「三笠」の砲術長を務め、黄海海戦では東郷の旗艦で戦っている。その後、「浅間」「筑波」の副長をへてイギリス大使館付武官として渡英し、同四四年に帰国して「筑波」「伊吹」艦長となり、大正七年には第五戦隊司令官となった。ワシントン会議の随員となったときには、軍縮に抵抗して海軍側全権の加藤友三郎を悩ませる。軍令部次長となったのが同一一年、大将として軍令部長となったのは昭和四年である。

加藤寛治が「聖将・東郷」を担いで動きだすのは、昭和五年に起こったいわゆる統帥権干犯《とうすいけんかんぱん》問題に際してであった。そのことを語るためには、日本海海戦以後の日本海軍と世界の趨勢をみていかなくてはならない。

日本海海戦における日本の勝利があまりに完全だったので、世界の海軍国は目を見張り、大砲の威力が海戦の勝敗を決する最大の要素であることを痛感することになった。この認識が誘因となって、世界の軍艦建造競争は加速され、いわゆる大艦巨砲主義の時代に入っていく。

日本海軍は日露戦争の後、日英同盟を海軍政策の柱とする方針を維持し、戦う可能性のある国家としては、新鋭の大海軍を建設したドイツを強く意識し、同時にアメリカをも考慮の対象とするようになった。日本海軍の戦後の政策は、戦略・戦術も、建艦・軍備も、教育・訓練も、すべてが日本海海戦の勝利を理想とし、その勝利の再来を夢見るような形で進展していった。

敵艦隊とできるだけ日本に近い洋上で相見《まみ》え、大艦巨砲による決戦で敵を圧倒し、国家の防衛を全うしようとするのである。

日露戦争において日本が「六六艦隊」で戦ったことは前述したとおりだが、戦後の建艦目標は、それを上回る「八八艦隊」となった。つまり、艦齢八年以内の戦艦八隻・装甲巡洋艦（一等巡洋艦）八隻を中核とする第一線艦隊を整備するのが目的である。

この方針を天皇が裁可したのは明治四〇年で、「帝国国防方針」として決定された。これは政府と統帥部、陸軍・海軍の基本的な理念と方針を一致させようとするもので、日英同盟の堅持が確認される一方で、想定敵国として露米独仏の四国が選ばれ、陸海軍備の標準は、露米の兵力に対し東アジアにおいて攻勢を取りうることとされた。

このとき提示された「国防所要兵力」には、海軍の第一線艦隊として、「八八艦隊」を備えることが明記されている。要するに竣工してから八年間は第一線で使って、九年目からは第二線に回すという整備計画であるが、以後、海軍はこの「八八艦隊」建造に向けて必死の努力を傾け、国民も日本の誇りとしてこれを支持し、海軍予算は次第に上昇して、第一次世界大戦が始まった大正三年（一九一四）からは陸軍予算をかなり上回ることとなった。ピークの大正一〇年には、海軍予算は国家歳出の三一・六パーセントとなり、陸軍と合わせると四一・一パーセントという額に達したのである。

世界の建艦競争によって装甲巡洋艦の大砲やトン数は、しだいに戦艦に接近していき、大正時代に入ると、装甲巡洋艦は巡洋戦艦と呼称されるようになる。これにより、「八八艦隊」の意味は、戦艦八隻・巡洋戦艦八隻を指すように転化していった。巡洋戦艦は大砲の装備と防御の装甲が戦艦にやや劣るだけで、速力は戦艦より秀れている。

やや複雑なので具体例を引くと、太平洋戦争に参加した「長門《ながと》」「陸奥《むつ》」「扶桑《ふそう》」「山城《やましろ》」「伊勢」「日向《ひゅうが》」は正規の戦艦であり、「金剛」「榛名」「比叡」「霧島」は巡洋戦艦なのである。

ヨーロッパで第一次世界大戦が勃発したとき、日英同盟条約の文面からすれば、日本はかならずしも参戦を義務づけられているわけではなかった。しかし、山東半島の青島（チンタオ）には、ここを主基地としたシュペー海軍中将率いるドイツ東洋艦隊があり、大正三年八月、日本は結局参戦することになる。

ドイツ東洋艦隊の主力は南米大陸南端を回って帰国しようとしたが、コロネル沖海戦においては遭遇したイギリス艦隊を破ったものの、つづくフォークランド沖海戦で新手の英艦隊に撃滅された。この間、日本海軍の第一・第二南遣支隊は、赤道以北のドイツ領南洋諸島を占領し、これらの島々はパリの講和会議で、日本の委任統治領となる。

第一次世界大戦により、ドイツはアジアにおける権益を失い、艦隊を壊滅させられたので、太平洋においては日米対立の構図が、より鮮明となってきた。日米英は世界の三大海軍国となり、米英戦は民族的な近親性からありえないものとされ、日英戦も同盟の存在から否定されたので、ただ可能性があるのは日米戦のみと考えられるにいたった。

日本が入手した南洋委任統治領は、日米戦の場合、米海軍が企図するフィリピン救援作戦を妨害するものと考えられ、米海軍はこのときから、島々の上陸作戦に使用する海兵隊の検討を始めている。この海兵隊が、第二次大戦から現在まで、勇猛を謳われることになるのである。

ワシントン軍縮会議

日本海海戦の再現を夢見る日本海軍は、大正七年（一九一八）、「帝国国防方針」の第一次改定を行って、さらに大きな目標を求めた、いわゆる「八八八艦隊」である。

これは、艦種を固定せずに、戦艦または巡洋戦艦八隻による三つの第一線艦隊を整備しようとするものであった。当時の寺内正毅《まさたけ》首相もこれを承認し、大正天皇の裁可も得られた。しかし、建艦方針についての天皇の裁可から議会の予算承認にいたるまでの間には当然のように時間的なずれが生じている。たとえば太平洋戦争後の日本で、政府が閣議により「防衛計画の大綱」を定め、具体的な自衛隊の整備目標を決定しても、予算の獲得はずれているのと同じである。

八八艦隊の議会による予算承認は、ようやく大正九年になってからであった。

この結果、海軍は大正一六年（昭和二年、一九二七）度末までに、戦艦八隻（長門、陸奥、加賀、土佐、紀伊、尾張、第一一、第一二号戦艦）と巡洋戦艦八隻（天城、赤城、高雄、愛宕、第八号〜第一一号巡戦）を持ちうることになった。ところが、当時の日本の国力からすれば、かりにこのような大艦隊を建造しても、それを維持するのが困難なことは、大蔵省のみならず加藤友三郎をはじめとする海軍省首脳の間で、常識になっていた。第一次大戦後の日本の好景気時代は終わりに近づき、七年間継続の予算は成立したものの、建艦と建艦後の艦隊保持の前途には、赤信号が点滅していた。

このような状況のとき、アメリカとイギリスが日本に海軍軍縮を呼びかけてきた。第一次大戦後のベルサイユ講和条約は、軍縮の必要性を規定しており、日本のみならず米英を含む各海軍国が、海軍予算の重圧に悩んでいた。このような背景が大正一〇年（一九二一）一一月からのワシントン会議開催の最大の動機になった。

ワシントン会議では、中国の主権・独立、門戸開放を規定した九ヵ国条約、太平洋水域における日英米仏相互の権利尊重と紛争処理を規定した四ヵ国条約、そして日米英仏伊五ヵ国間の主力艦・航空母艦の保有トン数比率を米・英が五、日本が三、仏・伊が一・六七に制限し、むこう一〇年間の主力艦建造を禁止した海軍軍縮条約などが成立した。

日本の全権は、海軍大臣・加藤友三郎、貴族院議長で旧徳川将軍家一六代にあたる徳川家達《いえさと》、駐米大使・幣原《しではら》喜《き》重郎《じゅうろう》らであった。

加藤は、対英米協調路線をとり、最終的にはアメリカが提案した主力艦の米英日比率「一〇・一〇・六」を基本的に受け入れたが、その見返りとしてフィリピン・グアムなどのアメリカ軍事施設を今以上に拡充しないという保証を求め、また建造中の「陸奥」を残して、老朽艦の「摂津」を廃棄することで米英の妥協を引き出した。

このとき、海軍首席随員であった加藤寛治中将らは、あくまでも対英米「七割」に固執した。しかし、加藤友三郎は軍縮が実現しなければ、米英はさらなる軍事拡張が可能であるのに対して、第一次世界大戦後の反動不況に入っていた日本は、八八艦隊の維持さえも不可能という現実的な判断に基づいて駆け引きを展開したのだった。

ロンドン海軍軍縮会議

昭和二年（一九二七）六月、ワシントン会議で軍縮の対象とならなかった一万トン以下の補助艦制限を目的としたジュネーブ軍縮会議が開催された。しかし、フランスとイタリアは総トン数制限案が拒否されたために参加せず、アメリカ・イギリス・日本三国のみの会議となったこともあって、妥協点は見いだせず、補助艦をふくむ海軍軍備制限については、次回のロンドン海軍軍縮会議に持ち越されることになった。

ジュネーブ会議の翌年には中国大陸で張作霖《ちょうさくりん》爆殺事件が起こり、さらにその翌年にはニューヨークのウォール街で株式市場が崩壊し、世界大恐慌が始まっている。その影響は日本にも深刻な大不況をもたらしていた。ロンドンで海軍軍縮会議が開催されたのは、そのまた翌年の昭和五年（一九三〇）一月であった。

日本の全権団は総勢六〇人で、全権は元首相の若槻礼次郎《わかつきれいじろう》を筆頭に、財部彪海相、駐英大使・松平恒雄、駐ベルギー大使・永井松三の四人である。

会議にのぞむ前に閣議で了承された日本の方針は、

一、補助艦全体の総トン数の対米比率を七割とする。

二、大型巡洋艦も対米比率七割とする。

三、潜水艦は七万八〇〇〇トンを自主的に保有する。

というものだった。しかし、アメリカはこの日本の方針に対し、ワシントン条約にならって比率を六割に抑え込もうとした。

ここで登場したのが加藤寛治だった。軍令部長として日本に残っていた加藤は、この報告を聞いて

「七割死守」のために奔走する。日米交渉は難航したが、総トン数について日米比率を「六割九分七厘五毛」とすることで、若槻らは最終的に妥協する。しかし、加藤はこの譲歩案に反発し、東郷宅に走った。

東郷は「日本の方針が受け入れられなければ、協定破棄、断固退去」という立場を常にとりつづけており、また、軍事参議官の伏見宮博恭王《ふしみのみやひろやす》も強硬に「七割」を主張していた。ワシントン会議の全権としてアメリカへ赴くに際し、加藤友三郎は東郷をはじめ海軍の有力者に周到な根回しを行い、反対派を抑え込む形で、現実的な路線を保持できた。しかし、政治力に卓越した加藤が大正一二年に死去したことで、海軍首脳部間のバランスは崩れ、条約推進派と反対派に二分されて、反対派が次第に優勢を占めるようになるのである。

条約調印に反対する一派は「艦隊派」と呼ばれ、条約推進・軍縮をめざす条約派とせめぎ合いを演ずるが、艦隊派には、伏見宮博恭王、加藤寛治、末次信正、大角岑《おおすみみね》生《お》、そして小笠原長生らがおり、主な条約派としては、斎藤実《まこと》、鈴木貫太郎、岡田啓介、財部彪、山梨勝之進らがいた。米内光政、山本五十六、堀悌吉らもこの列に連なる人たちであった。

加藤寛治は三月一七日、ロンドンの財部海相に宛てて「東郷元帥を訪ねたが、元帥も外務省の譲歩的な態度には不満で、こういわれている」との電報を送った。

「我始めより三割を譲歩しおるに、彼大切なる大型巡洋艦において譲るところなければ、我は致し方なしとて帰来の外なし。我には破れたりとて大拡張とならぬ故、財政上の心配なし。自分は七割にても如何かと思いたるも今迄の行懸りと訓令とにて之が最小限にして之より減ぜぬと聞き承知せり。要するに七割なければ国防上安心できずとの態度をとりおることとなれば、一分や二分という小掛引きは無用なり。先方聴かざれば断々固として引揚ぐるのみ。万一、我が主張貫徹せず会議決裂に終ることあるも、曲りなりに取りまとめ日本に不為の条約を結ぶよりも国家のためには幸なるべし」

加藤は東郷の言葉を借りて、山本権兵衛の女婿であり、条約派の財部に圧力をかけたのである。ときの首相・浜口雄幸《おさち》は、海軍の重鎮であり「聖将」と謳われる東郷と大御所の伏見宮博恭王の二人が条約に反対していることに頭を痛めていた。

統帥権干犯問題

昭和五年の第一次ロンドン海軍軍縮条約調印のとき、東郷はいわゆる艦隊派の側に立って、条約の批准を阻止しようと図った。

東郷はかつて東宮御学問所で教育を担当した昭和天皇が、世界的視野から条約に積極的に賛成していることを知らなかった。それを知らぬままに、東郷は条約調印に強硬な反対を唱える艦隊派のシンボルとして、無言の圧力を加えつづけた。そして持ち上がったのが、いわゆる「統帥権干犯問題」である。

統帥権とは、軍隊の最高指揮権のことで、大日本帝国憲法第一一条により天皇の大権と規定されていた。天皇は大元帥として陸海軍を統帥し、陸海軍の大臣、および陸軍参謀本部・海軍軍令部がこれを輔弼《ほひつ》するというものである。

昭和五年四月一日、首相官邸において首相兼海相事務管理・浜口雄幸、軍事参議官・岡田啓介、海軍軍令部長・加藤寛治、海軍次官・山梨勝之進の四者会合が行われた。この会合は反対する加藤をなだめ、「他日の問題化ないし海軍の不統一の表面化を避けるために軍令部長の同意を得たという形」（伊藤隆『昭和初期政治史研究』）にしようとする儀式のようなものだった。

ところが、加藤は会合の目的を容認して黙っているどころか、「国防用兵計画の責任者としては、米国案を骨子とする兵力量には、職責上同意するわけにはいきません」と反対意見を述べた。これが統帥権問題に火をつけ、条約が調印された三日後の四月二五日、両院本会議において、政友会の鳩山一郎が「政府が軍令部の国防計画を無視して条約を結んだのは統帥権輔弼を侵すものである」と非難して、統帥権干犯問題は一挙に表面化したのである。

「統帥権干犯」とは、文字通り、軍が輔弼する統帥権に干渉して、その権利を侵すという意味である。つまり、軍の作戦用兵に関する兵力量を定めるための軍縮条約を政府・議会が締結するのは「統帥権干犯」であり、軍部が認めないかぎり、国際条約は批准できないと艦隊派は主張したのである。

政治に関心の薄い海軍軍人の間では、それまで「統帥権」という言葉が使われたことはなかった。

それなのにこのとき、艦隊派が条約派に向かって使った武器は「統帥権干犯」というスローガンだった。

このスローガンの創出者は北一輝《きたいっき》である。大正八年（一九一九）夏から上海で『日本改造法案大綱』を執筆しはじめたこの国家主義思想家は、周知のように昭和一一年（一九三六）の二・二六事件で皇道派将校たちの黒幕という罪名を負わされ、刑死しているが、北は、大正一〇年にはすでにシベリア出兵問題などで小笠原と会合しており、昭和五年には加藤にも接近している。ただし東郷との接触はないようである。

大艦巨砲主義の敗北

昭和六年（一九三一）九月に始まった満州事変の直前、加藤と小笠原は陸軍首脳部にも接触し、東郷もこの動きに乗っていた。旧陸軍幹部のクーデター計画が発覚した十月事件のあと、軍部首脳は陸軍大臣・荒木貞夫、海軍大臣・大角岑生、参謀総長・閑院宮載仁《かんいんのみやことひと》親王、海軍軍令部長・伏見宮博恭王という陣容となったが、海軍は海軍省・軍令部ともに艦隊派が占めており、この構想が東郷と二人の側近によるものであることがわかる。

東郷は、昭和九年五月三〇日午前七時、喉頭ガンが原因で永眠した。八六歳であった。超戦艦「大和」が起工されたのは、昭和一二年一一月である。その建造の戦略・戦術思想は、もちろん日本海海戦を源流とする大艦巨砲主義であった。

敗戦後、国民だれもが気づいたように、日本はおろかにも国際協調を排し、海軍軍縮条約から飛び出してしまった。日本の孤立を象徴するかのように「大和」起工の年初から軍縮無条約時代が始まっている。

大艦巨砲主義の象徴でもある「大和」が沖縄の海に没したとき、日本は、日本海海戦における大勝利の呪縛から、ようやく解き放たれたのである。

太平洋戦争前に海相であった及川古志郎が、態度を曖昧にして不戦を明言しなかったとして、戦後に追及されたとき、「満州事変のとき東郷元帥が、対英米戦になるとして事変に反対する谷口尚真《なおみ》軍令部長に対し、『軍令部は毎年年度作戦計画を陛下に奉っている。東郷もこの計画をよろしいと奏上している。いまさら戦争できないといえば、陛下にうそを申し上げたことになる。そんなことが言えるか』と面罵されたことが、自分の頭を支配していた」と弁解した。及川のこの伝聞内容は、完全な真実を伝えるものかどうか不明である。しかし、東郷の純真一徹の軍人気質は、及川が言うような、ある種の雰囲気を海軍軍人たちに与えていたことは否定できない。

東郷についての研究は、これからますます深まるだろう。しかし、私は東郷の輝かしい勲章の奥に何が隠されているのか、ほとんど恐怖の思いでみつめるしかない。

東郷は、ひろびろとした海上を舞台として、世界の歴史に比類のない演技をみせた名優だった。太平洋戦争は、政治・外交・経済・軍事・技術・文化といった人間社会のさまざまな要素が絡まりあって起こった。東郷は名優ではあっても、けっして世俗にわずらわされながらこれらを統合して動かす演出家ではなかったのである。

あとがき

歴史を「感情」ではなく「証拠」に基づいて考察しようとの土壌は、日本では第二次世界大戦後になって深まったと思う。

東京裁判と俗称される極東国際軍事裁判は、戦勝国が戦敗国を裁いた政治裁判という傾向が強いが、この裁判に検事側・弁護側から提出された証拠により、日本は近現代史研究のスタートを切ったのではなかったか?

いまでは、歴史研究の基本史料となっている内大臣・木戸幸一の『木戸幸一日記』や重臣西園寺公望の秘書・原田熊雄が執筆した『西園寺公と政局』などは、ともに東京裁判に証拠として提出されて、世に知られるようになったものであった。

そうした経過をへて、最近、近現代史の見直しが進んでいる。例えば、日清戦争開始の号砲となった豊島沖海戦(一八九四年七月二五日)もそうである。ほとんど全部の日本の歴史書は、清国軍艦(「済遠」)がさきに発砲し、日本の軍艦(「吉野」)がこれに応戦したと記している。しかし、最近になって入手できた日本の各艦の戦闘詳報を読むかぎり、さきに発砲したのは日本軍艦であったと信じるほかはない。

日本は、幕末にアメリカを先頭とし、ロシア・イギリスと続く艦隊の砲艦外交により開国させられた経験を、すぐに隣の韓国に適用して同国を開国させ、日清戦争では勝利国として朝鮮半島を勢力圏に収め、北清事変ではヨーロッパの先進諸国とともに戦って近代化に成功していることを示して、日英同盟を結ぶ端緒となった。

ついで朝鮮半島の勢力圏保持を巡ってロシアと対立するようになり、日露戦争となったものの、日英同盟の後ろ盾とアメリカの好意により、なんとか勝利国の格好で講和条約の締結に漕ぎつけることができた。

この日露戦争の勝利が、日本海海戦（一九〇五年五月二七～二八日）の完全勝利に大きく依拠していたことを疑う人は、まずいないだろうと思う。

東郷平八郎の指揮する日本の連合艦隊は全力でもって、対馬海峡で遠来のバルチック艦隊を壊滅させた。この勝利により日本は欧米先進諸国以外の例外的な人種の国家として、第一次世界大戦参戦後のベルサイユ条約成立のあと、世界の大国の末席に連なることが可能となった。

しかし、日本海海戦でも巷間伝えられているものと異なる史実が明らかになっている。

日本海海戦の勝利は、日本海軍のほぼ全力を指揮する東郷の連合艦隊が対馬海峡に集中して、東郷の勝れた戦闘経験とカリスマ性を帯びた人格と類いのない指揮能力により、丁字戦法を採用してバルチック艦隊を近迫猛撃し、連合艦隊の各員が日ごろの訓練の成果を十分に発揮した結果だとされている。

しかし実際の歴史では、日本の連合艦隊司令部は、日本海海戦の直前に、バルチック艦隊は対馬海峡ではなく津軽海峡を通過すべく、日本の太平洋東岸沖を北に向かっているのではないかと疑い、待機地点を対馬海峡から津軽海峡に変更しようとする意見が浮上し、命令（密封命令）も発出されてまさに実行されようとしていた。これが実行に移されていれば、連合艦隊の完勝はかなり難しかったと思われる。

このことは歴史の闇に伏せられて一般の人びとは、まだよく知らないと思う。このことを歴史として説明しておこうとするのが、本書を執筆した第一で最大の目的である。

もう一つの問題がある。日本海海戦の勝利は、東郷がヨーロッパでトウゴウターンと呼ばれている丁字戦法を採用し、勝利を収めたのだが、巷間、この戦法の創案者は秋山真之だと伝えられているが、これも異なるのである。

この二つのことが何故伏せられたのか。それは、東郷の神格化問題と不可分な関係がある。言うまでもなく、東郷の神格化は、日本の軍国化と結びついている。本書執筆の第二の目的は、東郷の神格化をふくめ、日本海海戦の勝利が昭和の海軍及び日本にどういう問題をもたらしたかを探ることにある。

本書執筆中に、大江志乃夫氏の『バルチック艦隊』（中公新書）が刊行されて読ませていただいた。多くの知見を加えることができて感謝しているが、日本海海戦で丁字戦法は採用されなかったという意見を知って、いささか驚いた。

最近、丁字戦法に疑問を呈する意見が見受けられるが、いずれも誤解に基づく見解である。これを正すのも、本書の目的のひとつである。

大江氏は、「虚構に満ちた日本海海戦伝説」という「節」のなかで、「ハイテク情報戦の勝利、虚構の丁字戦法」という「項」を立て、次のように説明されている。

「波浪が高く水雷艇隊の航海は困難と認められたので、艇隊を対馬東岸の三浦湾に退避させた。これによって、実は世に喧伝されている丁字戦法の実施は中止された」（『バルチック艦隊』214ページ）

「一九〇五年五月十二日策定の「連合艦隊戦策」において、「戦略上の心算は昼戦に於ては第一戦隊を以て敵の主力に対しまず持続戦を行い」と幾分修正されたが、「戦法」では「単隊の戦闘は丁字戦法、二隊の協同戦闘は乙字戦法に準拠するものとす」と、なお丁字戦法を踏襲していた。しかし、五月一七日にいたり、この「連合艦隊戦策」に「（八）奇襲隊の編制及び其の運動要領」が追加された。（215ページ）

それは浅間を旗艦とし、第一駆逐艦および第九艇隊をもって昼戦における臨時奇襲隊を編成し、浅間はこれらの隊を掩護し、第九艇隊は敵戦隊の斜前方約一五〇〇メートルより急に変針して敵と反航し魚雷攻撃を決行し、その殿艇《しんがりてい》は変針点より連繋水雷および擬水雷を投下し、敵戦隊の変針を防ぐ、駆逐艦暁（捕獲駆逐艦レシーテルヌイ）はロシア駆逐艦に偽装して、敵戦隊正面を横断しつつわが第一戦隊との中間に連繋水雷を投下し、敵戦隊の先頭を「包束」する、第一駆逐隊は暁を掩護するとともに敵の注目をひきつけ牽制する、という奇策であった。（216ページ）

本文中に記したとおり、東郷はバルチック艦隊がシンガポールを過ぎて北上しつつあるとき、「連合艦隊戦策」を再検討し、基本政策は不変であったが一部を改訂した。明治三八年四月一二日（聯隊機密二五九号）、四月二一日（同号の二）五月一七日（同号の三）五月二一日（同号の四）と改正と追加があった。

これらはいずれも、丁字戦法を成功させるための手段でしかなく、基本は丁字戦法で、奇襲隊の編成は付属する枝葉に過ぎなかったのである。

東郷はこれらの戦策について「以上列記の聯合艦隊及び各戦隊の戦策は、即ち本戦役を通じて戦闘の基本たりしものにして、黄海、日本海の大海戦より其の他の小戦闘に至るまで、凡《すべ》て之《これ》に依らざるものなし」と総括している。

日本海海戦が丁字戦法の決行により戦闘開始となったことを、東郷自身が認めたエピソードがある。小笠原長生の『東郷元帥詳伝』にははじめ、問題のところが「長官は、頭を回らしてきっと加藤参謀長を見たり。同時に参謀長もまた長官を見、両者の視線期せずして相合せる一刹那《せつな》、参謀長声高く問うて曰《いわ》く『長官！　取舵になすべきか』と。司令長官『諾』と答えて思わず会心の笑を浮かべ、『三笠』は同五分俄《にわか》に左折して東北東に変針し、斜《ななめ》に敵の先頭を圧迫せんとせり」となっていた。

この艦橋には当時、「三笠」砲術長付・今村信次郎中尉がおり、よく知られる東城画伯の「『三笠』艦橋の図」には、伊地知艦長のすぐうしろに描かれている。今村が大正十五年ころ、東郷邸を訪問したとき「小笠原さんの本を見ると、参謀長と眼と眼と見合わせて、取舵をとるようにと書いてありますが、私は当時、長官の真後ろにおりましたところ、閣下が右手をお挙げになって、左の方へ、こう折れと合図をなさり、それと同時に参謀長が取舵をと艦長に言ったように覚えておりますが、あれは私の幻覚でしたでしょうか」と問うと、東郷は「君の言うとおり」と答えた。

その後、東郷は小笠原にたいし「ああいう証人がいては仕方ない。訂正してくれたまえ」と話し、改定版ともみられる『東郷平八郎全集』では、「……長官は、頭を回らしてきっと参謀長を見、『右手を挙げて左方に一振せり』。同時に……」という一行が追加されたとの経緯があった（東郷神社・東郷会『東郷』三六四号、一九九九年五月）。

いずれにせよ、日本海海戦において丁字戦法が採用されたのは疑いのない事実である。

なお、本書執筆にあたっては『極秘海戦史』をはじめ、朝雲新聞社『大本営海軍部・連合艦隊（第一巻）』などを主として参考とした。

日露戦争・日本海海戦関連年表

年号	西暦	事項（数字は月日を示す）
明治27	一八九四	8・1　日清戦争起こる。
		9・17　黄海海戦。
		11・21　日本軍、旅順占領。
28	一八九五	4・17　日清講和条約（下関条約）調印。
		10・8　日本軍が閔妃殺害。
30	一八九七	12・15　ロシア艦隊、旅順に入港。
32	一八九九	3月　義和団が蜂起。
		3・29　ロシア、大連・旅順港の租借権を獲得。
		10・12　ボーア戦争始まる。
33	一九〇〇	5・31　義和団に対し、西欧列強が北京に派兵、北清事変はじまる。
		8・14　連合軍、北京を占領し義和団を鎮圧。
34	一九〇一	2・24　ロシア、満州撤退の条件として満蒙完全支配を含む協約案を清国に提示、日英米独墺が抗議。
35	一九〇二	1・30　日英同盟調印。
		10・8　ロシア軍、満州から第一次撤兵を開始。
36	一九〇三	4・18　ロシア軍、第二次撤兵を実施せず、奉天・営口方面で兵力増強。
		5月　ロシア軍、鴨緑江を越えて韓国に侵入、日本で対露強硬論たかまる。

37 一九〇四

6・12 ロシア陸軍大臣クロパトキン訪日。
10・6 満韓問題について日露交渉開始。
11・15 幸徳秋水ら『平民新聞』を創刊、非戦論を展開。
12・28 第一・第二艦隊を合わせ連合艦隊を編成、東郷平八郎が司令長官となる。
1・9 「連合艦隊戦策」策定。
1・12 御前会議で対露交渉最終提案を決定し、ロシアに提示。
2・4 御前会議でロシアとの国交断絶を決定。
2・5 対露開戦を決定、天皇が陸海軍に出動を命令する。
2・6 連合艦隊、佐世保軍港より出撃。
2・8 連合艦隊、旅順港を奇襲。
2・9 瓜生戦隊、仁川沖でロシア軍艦と交戦（仁川沖海戦）、
2・10 ロシアに対して宣戦布告。ウラジオ艦隊、日本海で示威行動。
2・13 大本営の編成が完了し、第一回大本営本会議（御前会議）開催。
2・23 日韓議定書調印。
2・24 第一回旅順港閉塞作戦、報国丸・仁川丸が予定位置で爆沈。
3・4 第三艦隊を連合艦隊に編入。
3・8 マカロフ中将がスタルク中将に代わってロシア太平洋艦隊司令長官に就任。
3・10 陸軍の第一軍主力、韓国の大同江河口より上陸開始。
3・27 第二回旅順港閉塞作戦、福井丸指揮官・広瀬武夫少佐が戦死、「軍神」と呼ばれる。
4・11 大本営、第二軍と連合艦隊の共同作戦方針を決定。「春日」「日進」連合艦隊に編入。

	4・13	マカロフ司令長官、旗艦爆沈により戦死。
	4・30	ロシア・太平洋第二艦隊（バルチック艦隊）編成。
	5・1	鴨緑江渡河作戦開始。
	5・3	第三回旅順港閉塞作戦。
	5・5	第二軍、塩大墺より上陸。
	6・15	ウラジオ艦隊、陸軍運送船を撃沈。
	6・20	満州軍総司令部が設置され、総司令官に大山巌参謀総長が就任。
	7・23〜25	ウラジオ艦隊、東京湾口に出没。
	8・10	黄海海戦。
	8・14	蔚山沖海戦。
	8・19	第三軍、旅順総攻撃を開始。
	8・22	第一次日韓協約調印。
	10・10〜19	沙河会戦。
	10・15	バルチック艦隊、出航。
	10・26〜10・31	第二回旅順総攻撃。
	11・26	第三回旅順総攻撃。
38 一九〇五	1・1	旅順のロシア軍降伏。
	1・22	ペテルブルグで「血の日曜日事件」。
	2・22〜3・10	奉天大会戦で日本軍勝利。
	5・14	バルチック艦隊、バン・フォン湾を出航。
	5・24	「北進第一電」大本営に入電。「密封命令」配付。

		5・24 旗艦「三笠」で軍議。「北進第二電」大本営に入電。
		5・26 バルチック艦隊輸送船が呉淞入港。
		5・27〜28 日本海海戦。
		5・30 連合艦隊、佐世保に入港。
		9・5 ポーツマス条約調印。日露戦争終わる。
		9・11 「三笠」爆発事故で沈没。
		10・23 横浜で凱旋観艦式。
		10・27 連合艦隊解散。
大正3	一九一四	8・23 日本、第一次世界大戦に参戦。
10	一九二一	11・2 ワシントン会議開催。
11	一九二二	2・6 海軍軍備制限条約成立し、ワシントン会議終了。
昭和5	一九三〇	4・22 ロンドン軍縮会議で条約調印、統帥権干犯問題起こる。
6	一九三一	9・18 満州事変起こる。
9	一九三四	5・30 東郷平八郎死去。
12	一九三七	11月 戦艦「大和」起工。
20	一九四五	8・15 ポツダム宣言受諾。日本敗戦。

『日本海海戦の真実』を読む

影山好一郎

本書は、軍事史学会会長（第五代：一九八八（昭和六三）年五月〜一九九四（平成六）年六月）であった著者・野村實氏が、伊藤隆氏に交替して五年後の一九九九年七月に、講談社が現代新書として第一刷を発行したものである。日露戦争の最後の決戦であった日本海海戦の真実を明らかにする不朽の名作であり、復刊を心から慶びたい。

著者の野村氏は兵学校七一期生として昭和一七年に次席で卒業し、空母「瑞鶴」、戦艦「武蔵」に乗り組み、軍令部の第一部付きとして太平洋戦争を経験し、兵学校教官で終戦を迎えた。終戦後は東京裁判の海軍被告人の弁護事務を担当し、その後は防衛庁防衛研修所（現在の防衛研究所戦史研究センター）の戦史編纂官として戦史叢書の編纂に従事した。海軍軍人としての貴重な実体験の基礎の上に、専門的な歴史研究を慶応大学大学院文学研究科に学び、一九八四（昭和五九）年慶応大学文学博士を獲得した。この間の一九八三（昭和五八）年から防衛大学校教授として戦史教育に当たった。本書は、論理的且つ鋭利な視座と妥協のない精緻な考察が印象的であり、達意の文章である。

日本海海戦（明治三八年五月二七―二八日）に至る日露海戦の全貌を概括しておきたい。ロシア太平洋第一艦隊は旅順主隊（戦艦七隻他）をはじめ、ウラジオストック（以下「ウラジ」、巡洋艦四隻他）及び仁川の両支隊に艦艇を配備していた。一九〇四（明治三七）年二月一〇日、ロシアに宣戦布告した日本は、海軍が日本と満州を結ぶ制海権を確保すべく旅順艦隊への奇襲、仁川沖海戦及び三回にわたる旅順口閉塞作戦を敢行したが、十分な戦果を上げることができなかった。陸軍は朝鮮半島から満州に戦線を展開し、南山要塞を占領した。その間、ウラジ艦隊は日本周辺海域に神出鬼没し日本船舶等に甚大な被害を与えていた。日本海軍は旅順艦隊を八月一〇日の黄海海戦において旅順港内に封ずるとともに、八月一四日の蔚山沖海戦によってウラジ艦隊を撃破した。他方のロシアは日本軍の攻撃による旅順要塞の危機に鑑み、一〇月一五日、バルチック艦隊（以下「バ艦隊（第二太平洋艦隊）」）を進撃させて太平洋第一艦隊に合流させ、制海権を掌握の上、日本軍の補給路を断とうとした。明治三八年一月一日ついに旅順は陥落し、ここにロシア太平洋第一艦隊は壊滅した。奉天会戦の勝利（三月一〇日）によって陸戦は全て終わり、年明けから日本艦隊は再度戦備を整え、「バ艦隊」の来航を待つこととなった。日本海海戦は日露間の最後の決戦となった。

本書は七章から構成されている。第一章「歴史の闇に埋もれていた極秘資料」において、著者は、新たに発見された資料『極秘明治三十七八年海戦史』（以下『極秘海戦史』、全一五〇冊）をもとに、国民的な高い評価をもって愛読され、通説となっている司馬遼太郎の『坂の上の雲』が書けなかった二つのテーマを取り上げて考察した。その結果、通説に書かれていない真実が明らかになったと紹介し、まず読者の強い関心をひきつけている。

第二章「幸運な男・東郷平八郎と連合艦隊」、第三章「バルチック艦隊、対馬へ」、第四章「三笠での軍議　五月二四日〜二五日」、第五章「決戦！　日本海海戦」、第六章「丁字戦法に潜む二つの謎」と日本海海戦の舞台裏を論述している。最後の第七章「その後の日本海軍―神格化された東郷と巨艦主義の敗北―」においては、日本海海戦の栄光と謳われた東郷が、大正期の第一次世界大戦、ワシントン軍縮、昭和期のロンドン会議、満州・上海事変等に対し、如何にかかわり、それが以後の日本海軍及び日本歴史に如何なる影響と意義をもたらしたか、栄誉・栄光に伴う明暗を読者に考えさせる形で具体的且つ簡潔に論述している。

さて、本書の特徴は四つある。第一は、それまでの日本海海戦に関する通説に著者が異議を唱え、大きく二つのテーマに関し、知られざる真実を明らかにしたことである。その二つのテーマとは、①「バ艦隊」の通過コースが対馬海峡であることを、なぜ的確に予想し得たのか、②迎撃の緒戦において「丁字戦法」と呼ばれる敵前大回頭がどのような背景の下に、誰の発想によるものであったかである。著者は、これら二つのテーマに挑み、明らかにできた主な理由は、それまでの通説とされた歴史小説『坂の上の雲』を司馬遼太郎が執筆（昭和四三―四七年産経新聞）した後に、それまで未公開であった貴重な『極秘海戦史』全巻が宮内庁から防衛庁に移管（昭和五〇年頃）されたこと、及び、その中に「密封命令（極秘海戦史第二部第一巻に掲載）」と「連合艦隊戦策（第一部第二巻に掲載）」が存在したこと、さらに、その策定の経緯を物語る記録があった等である。

①に掲げたように、連合艦隊に突きつけられた重要な通峡予測については、『坂の上の雲』にある「対馬海峡説・津軽海峡説が乱れ飛び、司令部が動揺するなか、ひとり東郷だけは泰然と動かず、〝対馬を通る〟と確信していた」とは異なる実態があったこと、それは、大本営も連合艦隊司令部もともに予測に足る情報の不足に悩まされ、とるべき行動に動揺が続いていたという。明治三八年五月一九日早朝、三井物産の雇用船がルソン沖でロシア艦隊に臨検されたことで、バ艦隊は太平洋へ出たことは判明したものの、それ以外の決定的な情報がないまま、二三日を迎えた。目的地の長崎県「口之津」に到着したその雇用船から、改めて「臨検したロシア士官が（バ艦隊は）台湾東方を経て対馬海峡に向かうと述べた」との情報が午後四時、大本営経由で連合艦隊司令部に伝わった。その結果、司令部内では、この情報の信憑性を巡る議論が百出し、疑念は払拭されるどころか逆に深刻さを増し、北方の津軽海峡に備えるべく艦隊移動論が浮上するに至った。他方、バ艦隊は石炭の洋上補給に難渋した上に、射撃訓練等で著しく進出速度を落としており、それが、連合艦隊司令部の予測を狂わせ、「一定の日時をもって決断しなければ連合艦隊の迎撃作戦は後手となる」との焦りの原因となった。

このような中、二四日、東郷は各戦隊司令官等に対し、翌二五日午後別令による開封と見られる「密封命令」の発出に至り、津軽海峡への移動準備を指示したという。しかし、「連合艦隊は対馬海峡にとどまるべきである」とする大本営の意見との対立が続いた。そこで二五日午前、加藤友三郎参謀長が主宰した「三笠軍議」において、根拠不明の北進に対する熱烈な反対意見（第二艦隊参謀長藤井較一、第二戦隊司令官島村速雄）が考量され、その結果、密封命令の開封時期を一日遅らせ、「二六日正午までにバ艦隊の発見なしには北進決断」とされた。ところが、翌二六日午前零時五分、「前日の夕刻、バ艦隊の仮装巡洋艦、運送船など八隻が上海港外のウースンに入港した」という情報他が相次ぎ、夕方にはバ艦隊が東シナ海を航行していることがほぼ確認され対馬通峡が確実になった。

②については、丁字戦法が採られた背景とその戦法の考案者が誰であったか等のテーマである。「丁字戦法とは縦一列に並んでくる敵艦隊に対し、ちょうど「丁」の字と同じような形になって敵の先頭艦を圧迫し、火力集中が可能なキール線の真横方向の舷側砲を加えて、全力で十字砲火を浴びせる戦術」であり、戦前から『坂の上の雲』の著作に至るまでのほとんどの通説は、「東郷平八郎が海戦に臨んでから丁字戦法の決行を決断した」、つまり、「東郷が風向・距離などからとっさに判断し、丁字戦法を決行したという判定」をしたとしているが、著者は、これらは正しくないという。その意味は三つある。一つ目は日本海海戦の勝敗を決定付けた敵前大回頭はその場の状況判断から感覚的に導出されたものではなく、予め時間をかけて研究熟成させた戦術であり、その成果を一九〇四（明治三七）年一月九日に「連合艦隊戦策」として定めたという。各部隊の戦闘任務、戦闘陣形及び戦闘速

力、戦闘序列及び陣列、戦闘の開始（距離八〇〇〇メートル）及び運動の要領等が麾下の将校に示されたのである。因みに第一戦隊は敵を圧迫しつつ丁字形を保持し、第二戦隊は乙字戦法を形成すること、第一戦隊の戦速は一五ノットへの増速等が決められていた。二つ目は、一旦、戦策を定めても、「作戦の状況は敵味方の戦略に準じて変化するので、もし現実に敵と遭遇した場合には臨機応変に指示する」と、東郷の豊富な経験に基づく柔軟な姿勢が基底にあった。東郷は日本海海戦までに、三回の丁字戦法の実戦リハーサル（旅順艦隊との遭遇戦を指し、六月二三日、八月一〇日午前並びに同日午後の黄海海戦）の失敗から得た教訓をもとに、戦策の基本戦法を重視しつつも、現場の実情とその変化に適応した決断が不可欠なことを学んだ。そのような中、本番に臨んではじめて単縦陣の先頭艦「三笠」艦橋の東郷が決然と左舷回頭を下令したのである。三つ目は、その丁字戦法を含む戦策の誕生の経緯である。著者は、山梨勝之進の回想・証言が最も高い信憑性をもっているとして、丁字戦法のもともとの発案者は通説の秋山真之ではなく山屋他人である結論した。東郷は若いときから実戦経験も豊富かつ元来研究熱心であり、明治二九年から三三年にかけて二度にわたり海軍兵学校長を務め、歴史教育を通じて戦略・戦術の研究を指導した。一方、日清戦争の黄海海戦において、樺山資紀軍令部長に随行した山屋は「西京丸」に乗艦し、日本の優速な単縦陣が清国艦隊を破った海戦の一部始終を実見した。その山屋は第一回目の東郷校長時の学生であり、第二回目は教官を務め、ともに対露戦法の研究に取組んだこと、並びに秋山真之が米国から帰朝したのは明治三三年五月であり、山屋と入れ替わりに教官になったのは三五年七月であったこと等から、連合艦隊戦策は、東郷の校長時代に東郷と山屋が共に整理・昇華し、結実に至ったという。

本書の特色の第二は、日本海海戦に至る海軍作戦と主要な指揮官の人間像が第二章以下に論理的に説明されていることである。因みに東郷が連合艦隊司令長官に選ばれた理由は、一般に「幸運な男」であったためといわれているが、著者は、真の理由は東郷が実戦体験・国際性に富み、性格的に慎重・毅然・理性的・機敏であり、任務に対しては積極的且つ深く研究・洞察する等、「将としての努力の蓄積」が、幸運を作り上げていたという内情を明らかにしている。また、陸軍作戦との関連をはじめ、長期にわたって日本が苦難を強いられたウラジ艦隊の七回の出撃行動と指揮官の実態は、ロシアの対日脅威の裏返しを意味し新鮮味がある。さらに、バ艦隊は、一万八〇〇〇浬《かいり》もの遠距離の敵国日本に向けたものであり、しかも、中継基地に恵まれず、仏・独が中立義務に違反してまで支援することが難しい中での遠征であった。乗員は極度に疲労し、目指すウラジにおいても、既に内戦の不利な戦略環境下にあったことが描かれており、先行きロシア艦隊の敗北が必至であることが読み取れる。

特色の第三は、著者はかつての軍務に携わった海軍軍人であり、かつ学究的な研究手法を体得し、深い洞察力を兼ね備えた貴重な存在であり、軍事の実体験なしには語れない視座と精緻な考察が至る所に散見されるということである。軍事に関する論述はミリタリー・アーツ（術）とアカデミズム（学）の両面性を理解した上での考察でなければ、間違った研究結果を誘発するといえる。その意味で著者は両面を兼ね備えており、軍事史に関心を抱く読者の模範的な存在といえる。因みに著者は、『極秘海戦史』の価値を発見し、多くの一次史料を併せ駆使して、各種作戦の意図と能力の両面からの考察、指揮官・幕僚間の配慮と対応措置、装備能力と限界、戦策・密封命令の策定に至る内情の掌握、丁字戦法採用の実相、ロシア指揮官の失策、資質の判定や戦略判断のミスの実体と影響評価、戦場の苦悩、日露両軍の痛み等を考察しており、その論述は軍事専門家の体験から滲み出るいわば人間学といえる。

最後の第四は、著者は第七章で、日本海海戦の栄光を担った東郷が、昭和五年の統帥権干犯問題を機に、日本海海戦の源流である大艦巨砲主義を奉ずる海軍部内の強硬派の巨頭（加藤寛治）に担がれたこと、それは結果として、満州・上海事変の展開と連動し、日本は国際協調を排し、海軍軍縮条約から離脱しつつ日中戦争に突入し、国際孤立への道を歩くに至った。大艦巨砲主義の象徴でもある「大和」が沖縄の海に没した時、日本は日本海海戦の大勝利の呪縛からようやく解き放たれたという。著者は東郷の輝かしい勲章の奥に隠されたものを恐怖の思いで見つめるしかないという反面、今後の東郷の研究の発展を期待しつつ、まさに「禍福循環の理」を体現するような示唆に富む言質をもって閣筆している。

おわりに、本書が刊行された後の軍事史学の研究現状を紹介したい。それは、軍事問題が有する多面性を反映して、国際交流、兵器開発、軍縮、兵站、反乱、慰霊と顕彰、ジェンダー等の裾野の広い分野にわたっている。その様な中で、日露戦争研究も継続されており、特集『日露戦争（一）、（二）』（錦正社、平成一六年）をはじめとする軍事史学会機関誌『軍事史学』に研究論文が収録されている。ことに最近では、楠公一「なぜ日本海軍はロシア艦入港の情報を入手しえたのか」（『軍事史学』第五〇巻第二号　二〇一五年九月）があり、これは稲葉千晴「日本海海戦直前の東アジアにおける日本海軍の情報収集活動」（『都市情報学研究』第一九号　二〇一四年）と共に、バ艦隊に関する情報収集活動やロシア艦入港情報の入手経緯及び二六日早朝の上海総領事と外務省、軍令部間の情報授受の実態を検証している。また、大正四年以降の刊行と推定される『千九百四・五年露日海戦史』（露国海軍軍令部編纂、日本海軍軍令部訳　二〇〇四年　芙蓉書房復刻）が、ロシア側の海戦前後の実情を詳細に記録している。さらに、日本海海戦一〇〇周年特集（兵術同好会『波濤』第三一巻第二号、平成一七年）、平野龍二『日清・日露戦争における政策と戦略』（千倉書房、二〇一五年）等がある。

（軍事史学会前副会長・元防衛大学校教授及び帝京大学教授）

本書の原本は、一九九九年に講談社より刊行されました。

著者略歴
一九二二年　滋賀県生まれ
一九四二年　海軍兵学校卒業
　空母瑞鶴乗組などを経て海軍兵学校教官、戦後、防衛研究所研究室長、防衛大学校教授、愛知工業大学教授、軍事史学会会長を歴任
二〇〇一年　没

〔主要著書〕
『太平洋戦争と日本軍部』（山川出版社、一九八三年）、『山本五十六再考』（中央公論社、一九九六年）、『海戦史に学ぶ』（文藝春秋、一九八五年。文春文庫、一九九四年）、『日本海軍の歴史』（吉川弘文館、二〇〇二年）

読みなおす日本史

日本海海戦の真実

二〇一六年（平成二十八）九月一日　第一刷発行

著　者　野《の》村《むら》實《みのる》
発行者　吉川道郎
発行所　株式会社　吉川弘文館
郵便番号一一三—〇〇三三
東京都文京区本郷七丁目二番八号
電話〇三—三八一三—九一五一〈代表〉
振替口座〇〇一〇〇—五—二四四
http://www.yoshikawa-k.co.jp/
組版＝株式会社キャップス
印刷＝藤原印刷株式会社
製本＝ナショナル製本協同組合
装幀＝渡邉雄哉

ISBN978-4-642-06717-1

読みなおす日本史

刊行のことば

現代社会では、膨大な数の新刊図書が日々書店に並んでいます。昨今の電子書籍を含めますと、一人の読者が書名すら目にすることができないほどとなっています。ましてや、数年以前に刊行された本は書店の店頭に並ぶことも少なく、良書でありながらめぐり会うことのできない例は、日常的なことになっています。

人文書、とりわけ小社が専門とする歴史書におきましても、広く学界共通の財産として参照されるべきものとなっているにもかかわらず、その多くが現在では市場に出回らず入手、講読に時間と手間がかかるようになってしまっています。歴史の面白さを伝える図書を、読者の手元に届けることができないことは、歴史書出版の一翼を担う小社としても遺憾とするところです。

そこで、良書の発掘を通して、読者と図書をめぐる豊かな関係に寄与すべく、シリーズ「読みなおす日本史」を刊行いたします。本シリーズは、既刊の日本史関係書のなかから、研究の進展に今も寄与し続けているとともに、現在も広く読者に訴える力を有している良書を精選し順次定期的に刊行するものです。これらの知の文化遺産が、ゆるぎない視点からことの本質を説き続ける、確かな水先案内として迎えられることを切に願ってやみません。

二〇一二年四月

吉川弘文館

読みなおす日本史

読みなおす日本史

富士山宝永大爆発　永原慶二著　二二〇〇円

比叡山と高野山　景山春樹著　二二〇〇円

日　蓮　殉教の如来使　田村芳朗著　二二〇〇円

伊達騒動と原田甲斐　小林清治著　二二〇〇円

地理から見た信長・秀吉・家康の戦略　足利健亮著　二二〇〇円

神々の系譜　日本神話の謎　松前　健著　二四〇〇円

古代日本と北の海みち　新野直吉著　二二〇〇円

白鳥になった皇子　古事記　直木孝次郎著　二二〇〇円

島国の原像　水野正好著　二四〇〇円

入道殿下の物語　大鏡　益田　宗著　二二〇〇円

中世京都と祇園祭　疫病と都市の生活　脇田晴子著　二二〇〇円

吉野の霧　太平記　桜井好朗著　二二〇〇円

日本海海戦の真実　野村　實著　二二〇〇円

古代の恋愛生活　万葉集の恋歌を読む　古橋信孝著　（続　刊）

木曽義仲　下出積與著　（続　刊）

足利義政と東山文化　河合正治著　（続　刊）

角倉素庵　林屋辰三郎著　（続　刊）

僧兵盛衰記　渡辺守順著　（続　刊）

吉川弘文館

（価格は税別）